INGLÊS
VOCABULÁRIO

PALAVRAS MAIS ÚTEIS

PORTUGUÊS
INGLÊS AMERICANO

Para alargar o seu léxico e apurar
as suas competências linguísticas

5000 palavras

Vocabulário Português-Inglês americano - 5000 palavras
Por Andrey Taranov

Os vocabulários da T&P Books destinam-se a ajudar a aprender, a memorizar, e a rever palavras estrangeiras. O dicionário é dividido em temas, cobrindo todas as principais esferas de atividades quotidianas, negócios, ciência, cultura, etc.

O processo de aprendizagem, utilizando os dicionários baseados em temáticas da T&P Books dá-lhe as seguintes vantagens:

- Informação de origem corretamente agrupada predetermina o sucesso em fases subsequentes da memorização de palavras
- Disponibilização de palavras derivadas da mesma raiz, o que permite a memorização de unidades de texto (em vez de palavras separadas)
- Pequenas unidades de palavras facilitam o processo de estabelecimento de vínculos associativos necessários para a consolidação do vocabulário
- O nível de conhecimento da língua pode ser estimado pelo número de palavras aprendidas

Copyright © 2019 T&P Books Publishing

Todos os direitos reservados. Nenhuma parte desta publicação pode ser reproduzida, total ou parcialmente, por quaisquer métodos ou processos, sejam eles eletrónicos, mecânicos, de fotocópia ou outros, sem a autorização escrita do editor. Esta publicação não pode ser divulgada, copiada ou distribuída em nenhum formato.

T&P Books Publishing
www.tpbooks.com

ISBN: 978-1-78400-909-0

Este livro também está disponível em formato E-book.
Por favor visite www.tpbooks.com ou as principais livrarias on-line.

VOCABULÁRIO INGLÊS AMERICANO
palavras mais úteis

Os vocabulários da T&P Books destinam-se a ajudar a aprender, a memorizar, e a rever palavras estrangeiras. O vocabulário contém mais de 5000 palavras de uso comum organizadas tematicamente.

O vocabulário contém as palavras mais comummente usadas
Recomendado como adicional para qualquer curso de línguas
Satisfaz as necessidades dos iniciados e dos alunos avançados de línguas estrangeiras
Conveniente para o uso diário, sessões de revisão e atividades de auto-teste
Permite avaliar o seu vocabulário

Características especias do vocabulário

- As palavras estão organizadas de acordo com o seu significado, e não por ordem alfabética
- As palavras são apresentadas em três colunas para facilitar os processos de revisão e auto-teste
- As palavras compostas são divididas em pequenos blocos para facilitar o processo de aprendizagem
- O vocabulário oferece uma transcrição simples e adequada de cada palavra estrangeira

O vocabulário contém 155 tópicos incluindo:

Conceitos básicos, Números, Cores, Meses, Estações do ano, Unidades de medida, Roupas & Acessórios, Alimentos & Nutrição, Restaurante, Membros da Família, Parentes, Caráter, Sentimentos, Emoções, Doenças, Cidade, Passeios, Compras, Dinheiro, Casa, Lar, Escritório, Trabalho no Escritório, Importação & Exportação, Marketing, Pesquisa de Emprego, Desportos, Educação, Computador, Internet, Ferramentas, Natureza, Países, Nacionalidades e muito mais ...

TABELA DE CONTEÚDOS

Guia de pronunciação	9
Abreviaturas	11

CONCEITOS BÁSICOS	12
Conceitos básicos. Parte 1	12
1. Pronomes	12
2. Cumprimentos. Saudações. Despedidas	12
3. Como se dirigir a alguém	13
4. Números cardinais. Parte 1	13
5. Números cardinais. Parte 2	14
6. Números ordinais	15
7. Números. Frações	15
8. Números. Operações básicas	15
9. Números. Diversos	15
10. Os verbos mais importantes. Parte 1	16
11. Os verbos mais importantes. Parte 2	17
12. Os verbos mais importantes. Parte 3	18
13. Os verbos mais importantes. Parte 4	19
14. Cores	19
15. Questões	20
16. Preposições	21
17. Palavras funcionais. Advérbios. Parte 1	21
18. Palavras funcionais. Advérbios. Parte 2	23

Conceitos básicos. Parte 2	24
19. Dias da semana	24
20. Horas. Dia e noite	24
21. Meses. Estações	25
22. Unidades de medida	27
23. Recipientes	27

O SER HUMANO	29
O ser humano. O corpo	29
24. Cabeça	29
25. Corpo humano	30

Vestuário & Acessórios	31
26. Roupa exterior. Casacos	31
27. Vestuário de homem & mulher	31

28. Vestuário. Roupa interior 32
29. Adereços de cabeça 32
30. Calçado 32
31. Acessórios pessoais 33
32. Vestuário. Diversos 33
33. Cuidados pessoais. Cosméticos 34
34. Relógios de pulso. Relógios 35

Alimentação. Nutrição 36

35. Comida 36
36. Bebidas 37
37. Vegetais 38
38. Frutos. Nozes 39
39. Pão. Bolaria 40
40. Pratos cozinhados 40
41. Especiarias 41
42. Refeições 42
43. Por a mesa 43
44. Restaurante 43

Família, parentes e amigos 44

45. Informação pessoal. Formulários 44
46. Membros da família. Parentes 44

Medicina 46

47. Doenças 46
48. Sintomas. Tratamentos. Parte 1 47
49. Sintomas. Tratamentos. Parte 2 48
50. Sintomas. Tratamentos. Parte 3 49
51. Médicos 50
52. Medicina. Drogas. Acessórios 50

HABITAT HUMANO 51
Cidade 51

53. Cidade. Vida na cidade 51
54. Instituições urbanas 52
55. Sinais 53
56. Transportes urbanos 54
57. Turismo 55
58. Compras 56
59. Dinheiro 57
60. Correios. Serviço postal 58

Moradia. Casa. Lar 59

61. Casa. Eletricidade 59

5

62. Moradia. Mansão	59
63. Apartamento	59
64. Mobiliário. Interior	60
65. Quarto de dormir	61
66. Cozinha	61
67. Casa de banho	62
68. Eletrodomésticos	63

ATIVIDADES HUMANAS	**64**
Emprego. Negócios. Parte 1	**64**
69. Escritório. O trabalho no escritório	64
70. Processos negociais. Parte 1	65
71. Processos negociais. Parte 2	66
72. Produção. Trabalhos	67
73. Contrato. Acordo	68
74. Importação & Exportação	69
75. Finanças	69
76. Marketing	70
77. Publicidade	70
78. Banca	71
79. Telefone. Conversação telefónica	72
80. Telefone móvel	72
81. Estacionário	73
82. Tipos de negócios	73

Emprego. Negócios. Parte 2	**76**
83. Espetáculo. Feira	76
84. Ciência. Investigação. Cientistas	77

Profissões e ocupações	**78**
85. Procura de emprego. Demissão	78
86. Gente de negócios	78
87. Profissões de serviços	79
88. Profissões militares e postos	80
89. Oficiais. Padres	81
90. Profissões agrícolas	81
91. Profissões artísticas	82
92. Várias profissões	82
93. Ocupações. Estatuto social	84

Educação	**85**
94. Escola	85
95. Colégio. Universidade	86
96. Ciências. Disciplinas	87
97. Sistema de escrita. Ortografia	87
98. Línguas estrangeiras	88

Descanso. Entretenimento. Viagens	90
99. Viagens	90
100. Hotel	90

EQUIPAMENTO TÉCNICO. TRANSPORTES	92
Equipamento técnico. Transportes	92
101. Computador	92
102. Internet. E-mail	93
103. Eletricidade	94
104. Ferramentas	94

Transportes	97
105. Avião	97
106. Comboio	98
107. Barco	99
108. Aeroporto	100

Eventos	102
109. Férias. Evento	102
110. Funerais. Enterro	103
111. Guerra. Soldados	103
112. Guerra. Ações militares. Parte 1	104
113. Guerra. Ações militares. Parte 2	106
114. Armas	107
115. Povos da antiguidade	109
116. Idade média	109
117. Líder. Chefe. Autoridades	111
118. Viloação da lei. Criminosos. Parte 1	112
119. Viloação da lei. Criminosos. Parte 2	113
120. Polícia. Lei. Parte 1	114
121. Polícia. Lei. Parte 2	115

NATUREZA	117
A Terra. Parte 1	117
122. Espaço sideral	117
123. A Terra	118
124. Pontos cardeais	119
125. Mar. Oceano	119
126. Nomes de Mares e Oceanos	120
127. Montanhas	121
128. Nomes de montanhas	122
129. Rios	122
130. Nomes de rios	123
131. Floresta	123
132. Recursos naturais	124

A Terra. Parte 2   126

133. Tempo   126
134. Tempo extremo. Catástrofes naturais   127

Fauna   128

135. Mamíferos. Predadores   128
136. Animais selvagens   128
137. Animais domésticos   129
138. Pássaros   130
139. Peixes. Animais marinhos   132
140. Amfíbios. Répteis   132
141. Insetos   133

Flora   134

142. Árvores   134
143. Arbustos   134
144. Frutos. Bagas   135
145. Flores. Plantas   136
146. Cereais, grãos   137

PAÍSES. NACIONALIDADES   138

147. Europa Ocidental   138
148. Europa Central e de Leste   138
149. Países da ex-URSS   139
150. Asia   139
151. América do Norte   140
152. América Central do Sul   140
153. Africa   140
154. Austrália. Oceania   141
155. Cidades   141

GUIA DE PRONUNCIAÇÃO

Letra	Exemplo Inglês americano	Alfabeto fonético T&P	Exemplo Português

Vogais

a	age	[eɪ]	seis
a	bag	[æ]	semana
a	car	[ɑ:]	rapaz
a	care	[eə]	fêmea
e	meat	[i:]	cair
e	pen	[e]	metal
e	verb	[ɜ]	minhoca
e	here	[ɪə]	variedade
i	life	[aj]	baixar
i	sick	[ɪ]	sinónimo
i	girl	[ø]	orgulhoso
i	fire	[ajə]	flyer
o	rose	[əu]	réu
o	shop	[ɒ]	chamar
o	sport	[ɔ:]	emboço
o	ore	[ɔ:]	emboço
u	to include	[u:]	blusa
u	sun	[ʌ]	fax
u	church	[ɜ]	minhoca
u	pure	[uə]	adoecer
y	to cry	[aj]	baixar
y	system	[ɪ]	sinónimo
y	Lyre	[ajə]	flyer
y	party	[ɪ]	sinónimo

Consoantes

b	bar	[b]	barril
c	city	[s]	sanita
c	clay	[k]	kiwi
d	day	[d]	dentista
f	face	[f]	safári
g	geography	[dʒ]	adjetivo
g	glue	[g]	gosto
h	home	[h]	[h] aspirada
j	joke	[dʒ]	adjetivo
k	king	[k]	kiwi

Letra	Exemplo Inglês americano	Alfabeto fonético T&P	Exemplo Português
l	love	[l]	libra
m	milk	[m]	magnólia
n	nose	[n]	natureza
p	pencil	[p]	presente
q	queen	[k]	kiwi
r	rose	[r]	riscar
s	sleep	[s]	sanita
s	please	[z]	sésamo
s	pleasure	[ʒ]	talvez
t	table	[t]	tulipa
v	velvet	[v]	fava
w	winter	[w]	página web
x	ox	[ks]	perplexo
x	exam	[gz]	Yangtzé
z	azure	[ʒ]	talvez
z	zebra	[z]	sésamo

Combinações de letras

ch	China	[tʃ]	Tchau!
ch	chemistry	[k]	kiwi
ch	machine	[ʃ]	mês
sh	ship	[ʃ]	mês
th	weather	[ð]	[z] - fricativa dental sonora não-sibilante
th	tooth	[θ]	[s] - fricativa dental surda não-sibilante
ph	telephone	[f]	safári
ck	black	[k]	kiwi
ng	ring	[ŋ]	alcançar
ng	English	[ŋ]	alcançar
wh	white	[w]	página web
wh	whole	[h]	[h] aspirada
wr	wrong	[r]	riscar
gh	enough	[f]	safári
gh	sign	[n]	natureza
kn	knife	[n]	natureza
qu	question	[kv]	aquário
tch	catch	[tʃ]	Tchau!
oo+k	book	[ʊ]	bonita
oo+r	door	[ɔː]	emboço
ee	tree	[iː]	cair
ou	house	[aʊ]	produção
ou+r	our	[aʊə]	similar - Espanhol 'cacahuete'
ay	today	[eɪ]	seis
ey	they	[eɪ]	seis

ABREVIATURAS
usadas no vocabulário

Abreviaturas do Português

adj	-	adjetivo
adv	-	advérbio
anim.	-	animado
conj.	-	conjunção
desp.	-	desporto
etc.	-	etecetra
ex.	-	por exemplo
f	-	nome feminino
f pl	-	feminino plural
fem.	-	feminino
inanim.	-	inanimado
m	-	nome masculino
m pl	-	masculino plural
m, f	-	masculino, feminino
masc.	-	masculino
mat.	-	matemática
mil.	-	militar
pl	-	plural
prep.	-	preposição
pron.	-	pronome
sb.	-	sobre
sing.	-	singular
v aux	-	verbo auxiliar
vi	-	verbo intransitivo
vi, vt	-	verbo intransitivo, transitivo
vr	-	verbo reflexivo
vt	-	verbo transitivo

Abreviaturas do Inglês americano

v aux	-	verbo auxiliar
vi	-	verbo intransitivo
vi, vt	-	verbo intransitivo, transitivo
vt	-	verbo transitivo

CONCEITOS BÁSICOS

Conceitos básicos. Parte 1

1. Pronomes

eu	I, me	[aɪ], [miː]
tu	you	[juː]
ele	he	[hiː]
ela	she	[ʃiː]
ele, ela (neutro)	it	[ɪt]
nós	we	[wiː]
vocês	you	[juː]
eles, elas	they	[ðeɪ]

2. Cumprimentos. Saudações. Despedidas

Olá!	Hello!	[həˈləʊ]
Bom dia! (formal)	Hello!	[həˈləʊ]
Bom dia! (de manhã)	Good morning!	[gʊd ˈmɔːnɪŋ]
Boa tarde!	Good afternoon!	[gʊd ˌɑːftəˈnuːn]
Boa noite!	Good evening!	[gʊd ˈiːvnɪŋ]
cumprimentar (vt)	to say hello	[tə seɪ həˈləʊ]
Olá!	Hi!	[haɪ]
saudação (f)	greeting	[ˈgriːtɪŋ]
saudar (vt)	to greet (vt)	[tə griːt]
Como vai?	How are you?	[ˌhaʊ ə ˈjuː]
O que há de novo?	What's new?	[ˌwɒts ˈnjuː]
Até à vista!	Bye-Bye! Goodbye!	[baɪ-baɪ], [gʊdˈbaɪ]
Até breve!	See you soon!	[ˈsiː ju ˌsuːn]
Adeus!	Goodbye!	[gʊdˈbaɪ]
despedir-se (vr)	to say goodbye	[tə seɪ gʊdˈbaɪ]
Até logo!	So long!	[ˌsəʊ ˈlɒŋ]
Obrigado! -a!	Thank you!	[ˈθæŋk juː]
Muito obrigado! -a!	Thank you very much!	[ˈθæŋk ju ˈverɪ mʌtʃ]
De nada	You're welcome.	[ˌjuɑː ˈwelkəm]
Não tem de quê	Don't mention it!	[ˌdəʊnt ˈmenʃən ɪt]
Desculpa! -pe!	Excuse me!	[ɪkˈskjuːz miː]
desculpar (vt)	to excuse (vt)	[tə ɪkˈskjuːz]
desculpar-se (vr)	to apologize (vi)	[tə əˈpɒlədʒaɪz]
As minhas desculpas	My apologies.	[maɪ əˈpɒlədʒɪz]

Desculpe!	I'm sorry!	[aɪm 'sɒrɪ]
Não faz mal	It's okay!	[ɪts ˌəʊ'keɪ]
por favor	please	[pli:z]

Não se esqueça!	Don't forget!	[ˌdəʊnt fə'get]
Certamente! Claro!	Certainly!	['sɜ:tənlɪ]
Claro que não!	Of course not!	[əv ˌkɔ:s 'nɒt]
Está bem! De acordo!	Okay!	[ˌəʊ'keɪ]
Basta!	That's enough!	[ðæts ɪ'nʌf]

3. Como se dirigir a alguém

senhor	mister, sir	['mɪstə], [sɜ:]
senhora	ma'am	[mæm]
rapariga	miss	[mɪs]
rapaz	young man	[jʌŋ mæn]
menino	young man	[jʌŋ mæn]
menina	miss	[mɪs]

4. Números cardinais. Parte 1

zero	zero	['zɪərəʊ]
um	one	[wʌn]
dois	two	[tu:]
três	three	[θri:]
quatro	four	[fɔ:(r)]

cinco	five	[faɪv]
seis	six	[sɪks]
sete	seven	['sevən]
oito	eight	[eɪt]
nove	nine	[naɪn]

dez	ten	[ten]
onze	eleven	[ɪ'levən]
doze	twelve	[twelv]
treze	thirteen	[ˌθɜ:'ti:n]
catorze	fourteen	[ˌfɔ:'ti:n]

quinze	fifteen	[fɪf'ti:n]
dezasseis	sixteen	[sɪks'ti:n]
dezassete	seventeen	[ˌsevən'ti:n]
dezoito	eighteen	[ˌeɪ'ti:n]
dezanove	nineteen	[ˌnaɪn'ti:n]

vinte	twenty	['twentɪ]
vinte e um	twenty-one	['twentɪ ˌwʌn]
vinte e dois	twenty-two	['twentɪ ˌtu:]
vinte e três	twenty-three	['twentɪ ˌθri:]

| trinta | thirty | ['θɜ:tɪ] |
| trinta e um | thirty-one | ['θɜ:tɪ ˌwʌn] |

trinta e dois	thirty-two	[ˈθɜːtɪ ˌtuː]
trinta e três	thirty-three	[ˈθɜːtɪ ˌθriː]
quarenta	forty	[ˈfɔːtɪ]
quarenta e um	forty-one	[ˈfɔːtɪ ˌwʌn]
quarenta e dois	forty-two	[ˈfɔːtɪ ˌtuː]
quarenta e três	forty-three	[ˈfɔːtɪ ˌθriː]
cinquenta	fifty	[ˈfɪftɪ]
cinquenta e um	fifty-one	[ˈfɪftɪ ˌwʌn]
cinquenta e dois	fifty-two	[ˈfɪftɪ ˌtuː]
cinquenta e três	fifty-three	[ˈfɪftɪ ˌθriː]
sessenta	sixty	[ˈsɪkstɪ]
sessenta e um	sixty-one	[ˈsɪkstɪ ˌwʌn]
sessenta e dois	sixty-two	[ˈsɪkstɪ ˌtuː]
sessenta e três	sixty-three	[ˈsɪkstɪ ˌθriː]
setenta	seventy	[ˈsevəntɪ]
setenta e um	seventy-one	[ˈsevəntɪ ˌwʌn]
setenta e dois	seventy-two	[ˈsevəntɪ ˌtuː]
setenta e três	seventy-three	[ˈsevəntɪ ˌθriː]
oitenta	eighty	[ˈeɪtɪ]
oitenta e um	eighty-one	[ˈeɪtɪ ˌwʌn]
oitenta e dois	eighty-two	[ˈeɪtɪ ˌtuː]
oitenta e três	eighty-three	[ˈeɪtɪ ˌθriː]
noventa	ninety	[ˈnaɪntɪ]
noventa e um	ninety-one	[ˈnaɪntɪ ˌwʌn]
noventa e dois	ninety-two	[ˈnaɪntɪ ˌtuː]
noventa e três	ninety-three	[ˈnaɪntɪ ˌθriː]

5. Números cardinais. Parte 2

cem	one hundred	[ˌwʌn ˈhʌndrəd]
duzentos	two hundred	[tu ˈhʌndrəd]
trezentos	three hundred	[θriː ˈhʌndrəd]
quatrocentos	four hundred	[ˌfɔː ˈhʌndrəd]
quinhentos	five hundred	[ˌfaɪv ˈhʌndrəd]
seiscentos	six hundred	[sɪks ˈhʌndrəd]
setecentos	seven hundred	[ˈsevən ˈhʌndrəd]
oitocentos	eight hundred	[eɪt ˈhʌndrəd]
novecentos	nine hundred	[ˌnaɪn ˈhʌndrəd]
mil	one thousand	[ˌwʌn ˈθaʊzənd]
dois mil	two thousand	[tu ˈθaʊzənd]
De quem são ...?	three thousand	[θriː ˈθaʊzənd]
dez mil	ten thousand	[ten ˈθaʊzənd]
cem mil	one hundred thousand	[ˌwʌn ˈhʌndrəd ˈθaʊzənd]
um milhão	million	[ˈmɪljən]
mil milhões	billion	[ˈbɪljən]

6. Números ordinais

primeiro	first	[fɜːst]
segundo	second	[ˈsekənd]
terceiro	third	[θɜːd]
quarto	fourth	[fɔːθ]
quinto	fifth	[fɪfθ]
sexto	sixth	[sɪksθ]
sétimo	seventh	[ˈsevənθ]
oitavo	eighth	[eɪtθ]
nono	ninth	[naɪnθ]
décimo	tenth	[tenθ]

7. Números. Frações

fração (f)	fraction	[ˈfrækʃən]
um meio	one half	[ˌwʌn ˈhɑːf]
um terço	one third	[wʌn θɜːd]
um quarto	one quarter	[wʌn ˈkwɔːtə(r)]
um oitavo	one eighth	[wʌn ˈeɪtθ]
um décimo	one tenth	[wʌn tenθ]
dois terços	two thirds	[tu θɜːdz]
três quartos	three quarters	[θri ˈkwɔːtəz]

8. Números. Operações básicas

subtração (f)	subtraction	[səbˈtrækʃən]
subtrair (vi, vt)	to subtract (vi, vt)	[tə səbˈtrækt]
divisão (f)	division	[dɪˈvɪʒən]
dividir (vt)	to divide (vt)	[tə dɪˈvaɪd]
adição (f)	addition	[əˈdɪʃən]
somar (vt)	to add up (vt)	[tə æd ˈʌp]
adicionar (vt)	to add (vi, vt)	[tə æd]
multiplicação (f)	multiplication	[ˌmʌltɪplɪˈkeɪʃən]
multiplicar (vt)	to multiply (vt)	[tə ˈmʌltɪplaɪ]

9. Números. Diversos

algarismo, dígito (m)	figure	[ˈfɪgjə]
número (m)	number	[ˈnʌmbə(r)]
numeral (m)	numeral	[ˈnjuːmərəl]
menos (m)	minus sign	[ˈmaɪnəs saɪn]
mais (m)	plus sign	[plʌs saɪn]
fórmula (f)	formula	[ˈfɔːmjulə]
cálculo (m)	calculation	[ˌkælkjʊˈleɪʃən]
contar (vt)	to count (vi, vt)	[tə kaʊnt]

comparar (vt)	to compare (vt)	[tə kəm'peə(r)]
Quanto?	How much?	[ˌhaʊ 'mʌtʃ]
Quantos? -as?	How many?	[ˌhaʊ 'menɪ]

soma (f)	sum, total	[sʌm], ['təʊtəl]
resultado (m)	result	[rɪ'zʌlt]
resto (m)	remainder	[rɪ'meɪndə(r)]

alguns, algumas ...	a few ...	[ə fjuː]
um pouco de ...	little	['lɪtəl]
resto (m)	the rest	[ðə rest]
um e meio	one and a half	['wʌn ənd ə ˌhɑːf]
dúzia (f)	dozen	['dʌzən]

ao meio	in half	[ɪn 'hɑːf]
em partes iguais	equally	['iːkwəlɪ]
metade (f)	half	[hɑːf]
vez (f)	time	[taɪm]

10. Os verbos mais importantes. Parte 1

abrir (vt)	to open (vt)	[tə 'əʊpən]
acabar, terminar (vt)	to finish (vt)	[tə 'fɪnɪʃ]
aconselhar (vt)	to advise (vt)	[tə əd'vaɪz]
adivinhar (vt)	to guess (vt)	[tə ges]
advertir (vt)	to warn (vt)	[tə wɔːn]

ajudar (vt)	to help (vt)	[tə help]
almoçar (vi)	to have lunch	[tə hæv lʌntʃ]
alugar (~ um apartamento)	to rent (vt)	[tə rent]
amar (vt)	to love (vt)	[tə lʌv]
ameaçar (vt)	to threaten (vt)	[tə 'θretən]

anotar (escrever)	to write down	[tə ˌraɪt 'daʊn]
apanhar (vt)	to catch (vt)	[tə kætʃ]
apressar-se (vr)	to hurry (vi)	[tə 'hʌrɪ]
arrepender-se (vr)	to regret (vi)	[tə rɪ'gret]
assinar (vt)	to sign (vt)	[tə saɪn]

atirar, disparar (vi)	to shoot (vi)	[tə ʃuːt]
brincar (vi)	to joke (vi)	[tə dʒəʊk]
brincar, jogar (crianças)	to play (vi)	[tə pleɪ]
buscar (vt)	to look for ...	[tə lʊk fɔː(r)]
caçar (vi)	to hunt (vi, vt)	[tə hʌnt]

cair (vi)	to fall (vi)	[tə fɔːl]
cavar (vt)	to dig (vt)	[tə dɪg]
cessar (vt)	to stop (vt)	[tə stɒp]
chamar (~ por socorro)	to call (vt)	[tə kɔːl]
chegar (vi)	to arrive (vi)	[tə ə'raɪv]
chorar (vi)	to cry (vi)	[tə kraɪ]

começar (vt)	to begin (vt)	[tə bɪ'gɪn]
comparar (vt)	to compare (vt)	[tə kəm'peə(r)]

compreender (vt)	to understand (vt)	[tə͵ʌndəˈstænd]
concordar (vi)	to agree (vi)	[tə əˈgriː]
confiar (vt)	to trust (vt)	[tə trʌst]

confundir (equivocar-se)	to confuse, to mix up (vt)	[tə kənˈfjuːz], [tə mɪks ʌp]
conhecer (vt)	to know (vt)	[tə nəʊ]
contar (fazer contas)	to count (vt)	[tə kaʊnt]
contar com (esperar)	to count on ...	[tə kaʊnt ɒn]
continuar (vt)	to continue (vt)	[tə kənˈtɪnjuː]

controlar (vt)	to control (vt)	[tə kənˈtrəʊl]
convidar (vt)	to invite (vt)	[tə ɪnˈvaɪt]
correr (vi)	to run (vi)	[tə rʌn]
criar (vt)	to create (vt)	[tə kriːˈeɪt]
custar (vt)	to cost (vt)	[tə kɒst]

11. Os verbos mais importantes. Parte 2

dar (vt)	to give (vt)	[tə gɪv]
dar uma dica	to give a hint	[tə gɪv ə hɪnt]
decorar (enfeitar)	to decorate (vt)	[tə ˈdekəreɪt]
defender (vt)	to defend (vt)	[tə dɪˈfend]
deixar cair (vt)	to drop (vt)	[tə drɒp]

descer (para baixo)	to come down	[tə kʌm daʊn]
desculpar (vt)	to excuse (vt)	[tə ɪkˈskjuːz]
dirigir (~ uma empresa)	to run, to manage	[tə rʌn], [tə ˈmænɪdʒ]
discutir (notícias, etc.)	to discuss (vt)	[tə dɪsˈkʌs]
dizer (vt)	to say (vt)	[tə seɪ]

duvidar (vt)	to doubt (vi)	[tə daʊt]
enganar (vt)	to deceive (vi, vt)	[tə dɪˈsiːv]
entrar (na sala, etc.)	to enter (vt)	[tə ˈentə(r)]
enviar (uma carta)	to send (vt)	[tə send]

errar (equivocar-se)	to make a mistake	[tə meɪk ə mɪˈsteɪk]
escolher (vt)	to choose (vt)	[tə tʃuːz]
esconder (vt)	to hide (vt)	[tə haɪd]
escrever (vt)	to write (vt)	[tə raɪt]
esperar (o autocarro, etc.)	to wait (vt)	[tə weɪt]

esperar (ter esperança)	to hope (vi, vt)	[tə həʊp]
esquecer (vt)	to forget (vi, vt)	[tə fəˈget]
estudar (vt)	to study (vt)	[tə ˈstʌdɪ]
exigir (vt)	to demand (vt)	[tə dɪˈmɑːnd]
existir (vi)	to exist (vi)	[tə ɪgˈzɪst]

explicar (vt)	to explain (vt)	[tə ɪkˈspleɪn]
falar (vi)	to speak (vi, vt)	[tə spiːk]
faltar (clases, etc.)	to miss (vt)	[tə mɪs]
fazer (vt)	to do (vt)	[tə duː]
ficar em silêncio	to keep silent	[tə kiːp ˈsaɪlənt]
gabar-se, jactar-se (vr)	to boast (vi)	[tə bəʊst]
gostar (apreciar)	to like (vt)	[tə laɪk]

gritar (vi)	to shout (vi)	[tə ʃaʊt]
guardar (cartas, etc.)	to keep (vt)	[tə ki:p]
informar (vt)	to inform (vt)	[tə ɪnˈfɔ:m]
insultar (vt)	to insult (vt)	[tə ɪnˈsʌlt]
interessar-se (vr)	to be interested in ...	[tə bi ˈɪntrestɪd ɪn]
ir (a pé)	to go (vi)	[tə gəʊ]
ir nadar	to go for a swim	[tə gəʊ fɔrə swɪm]
jantar (vi)	to have dinner	[tə hæv ˈdɪnə(r)]

12. Os verbos mais importantes. Parte 3

ler (vt)	to read (vi, vt)	[tə ri:d]
libertar (cidade, etc.)	to liberate (vt)	[tə ˈlɪbəreɪt]
matar (vt)	to kill (vt)	[tə kɪl]
mencionar (vt)	to mention (vt)	[tə ˈmenʃən]
mostrar (vt)	to show (vt)	[tə ʃəʊ]
mudar (modificar)	to change (vt)	[tə tʃeɪndʒ]
nadar (vi)	to swim (vi)	[tə swɪm]
negar-se a ...	to refuse (vi, vt)	[tə rɪˈfju:z]
objetar (vt)	to object (vi, vt)	[tə əbˈdʒekt]
observar (vt)	to observe (vt)	[tə əbˈzɜ:v]
ordenar (mil.)	to order (vi, vt)	[tə ˈɔ:də(r)]
ouvir (vt)	to hear (vt)	[tə hɪə(r)]
pagar (vt)	to pay (vi, vt)	[tə peɪ]
parar (vi)	to stop (vi)	[tə stɒp]
participar (vi)	to participate (vi)	[tə pɑ:ˈtɪsɪpeɪt]
pedir (comida)	to order (vt)	[tə ˈɔ:də(r)]
pedir (um favor, etc.)	to ask (vt)	[tə ɑ:sk]
pegar (tomar)	to take (vt)	[tə teɪk]
pensar (vt)	to think (vi, vt)	[tə θɪŋk]
perceber (ver)	to notice (vt)	[tə ˈnəʊtɪs]
perdoar (vt)	to forgive (vt)	[tə fəˈgɪv]
perguntar (vt)	to ask (vt)	[tə ɑ:sk]
permitir (vt)	to permit (vt)	[tə pəˈmɪt]
pertencer a ...	to belong to ...	[tə bɪˈlɒŋ tu:]
planear (vt)	to plan (vt)	[tə plæn]
poder (vi)	can (v aux)	[kæn]
possuir (vt)	to own (vt)	[tə əʊn]
preferir (vt)	to prefer (vt)	[tə prɪˈfɜ:(r)]
preparar (vt)	to cook (vt)	[tə kʊk]
prever (vt)	to expect (vt)	[tə ɪkˈspekt]
prometer (vt)	to promise (vt)	[tə ˈprɒmɪs]
pronunciar (vt)	to pronounce (vt)	[tə prəˈnaʊns]
propor (vt)	to propose (vt)	[tə prəˈpəʊz]
punir (castigar)	to punish (vt)	[tə ˈpʌnɪʃ]

13. Os verbos mais importantes. Parte 4

quebrar (vt)	to break (vt)	[tə breɪk]
queixar-se (vr)	to complain (vi, vt)	[tə kəm'pleɪn]
querer (desejar)	to want (vt)	[tə wɒnt]
recomendar (vt)	to recommend (vt)	[tə ˌrekə'mend]
repetir (dizer outra vez)	to repeat (vt)	[tə rɪ'piːt]
repreender (vt)	to scold (vt)	[tə skəʊld]
reservar (~ um quarto)	to reserve, to book	[tə rɪ'zɜːv], [tə bʊk]
responder (vt)	to answer (vi, vt)	[tə 'ɑːnsə(r)]
rezar, orar (vi)	to pray (vi, vt)	[tə preɪ]
rir (vi)	to laugh (vi)	[tə lɑːf]
roubar (vt)	to steal (vt)	[tə stiːl]
saber (vt)	to know (vt)	[tə nəʊ]
sair (~ de casa)	to go out	[tə gəʊ aʊt]
salvar (vt)	to save, to rescue	[tə seɪv], [tə 'reskjuː]
seguir ...	to follow ...	[tə 'fɒləʊ]
sentar-se (vr)	to sit down (vi)	[tə sɪt daʊn]
ser necessário	to be needed	[tə bi 'niːdɪd]
ser, estar	to be (vi)	[tə biː]
significar (vt)	to mean (vt)	[tə miːn]
sorrir (vi)	to smile (vi)	[tə smaɪl]
subestimar (vt)	to underestimate (vt)	[tə ˌʌndə'restɪmeɪt]
surpreender-se (vr)	to be surprised	[tə bi sə'praɪzd]
tentar (vt)	to try (vt)	[tə traɪ]
ter (vt)	to have (vt)	[tə hæv]
ter fome	to be hungry	[tə bi 'hʌŋgrɪ]
ter medo	to be afraid	[tə bi ə'freɪd]
ter sede	to be thirsty	[tə bi 'θɜːstɪ]
tocar (com as mãos)	to touch (vt)	[tə tʌtʃ]
tomar o pequeno-almoço	to have breakfast	[tə hæv 'brekfəst]
trabalhar (vi)	to work (vi)	[tə wɜːk]
traduzir (vt)	to translate (vt)	[tə træns'leɪt]
unir (vt)	to unite (vt)	[tə juː'naɪt]
vender (vt)	to sell (vt)	[tə sel]
ver (vt)	to see (vt)	[tə siː]
virar (ex. ~ à direita)	to turn (vi)	[tə tɜːn]
voar (vi)	to fly (vi)	[tə flaɪ]

14. Cores

cor (f)	color	['kʌlə(r)]
matiz (m)	shade	[ʃeɪd]
tom (m)	hue	[hjuː]
arco-íris (m)	rainbow	['reɪnbəʊ]
branco	white	[waɪt]

| preto | black | [blæk] |
| cinzento | gray | [greɪ] |

verde	green	[gri:n]
amarelo	yellow	['jeləʊ]
vermelho	red	[red]

azul	blue	[blu:]
azul claro	light blue	[ˌlaɪt 'blu:]
rosa	pink	[pɪŋk]
laranja	orange	['ɒrɪndʒ]
violeta	violet	['vaɪələt]
castanho	brown	[braʊn]

| dourado | golden | ['gəʊldən] |
| prateado | silvery | ['sɪlvərɪ] |

bege	beige	[beɪʒ]
creme	cream	[kri:m]
turquesa	turquoise	['tɜ:kwɔɪz]
vermelho cereja	cherry red	['tʃerɪ red]
lilás	lilac	['laɪlək]
carmesim	crimson	['krɪmzən]

claro	light	[laɪt]
escuro	dark	[dɑ:k]
vivo	bright	[braɪt]

de cor	colored	['kʌləd]
a cores	color	['kʌlə(r)]
preto e branco	black-and-white	[blæk ən waɪt]
unicolor	plain, one-colored	[pleɪn], [ˌwʌn'kʌləd]
multicor	multicolored	['mʌltɪˌkʌləd]

15. Questões

Quem?	Who?	[hu:]
Que?	What?	[wɒt]
Onde?	Where?	[weə]
Para onde?	Where?	[weə]
De onde?	From where?	[frɒm weə]
Quando?	When?	[wen]
Para quê?	Why?	[waɪ]
Para quê?	What for?	[wɒt fɔ:(r)]
Como?	How?	[haʊ]
Qual? (entre dois ou mais)	Which?	[wɪtʃ]

A quem?	To whom?	[tə hu:m]
Sobre quem?	About whom?	[ə'baʊt ˌhu:m]
Do quê?	About what?	[ə'baʊt ˌwɒt]
Com quem?	With whom?	[wɪð 'hu:m]
Quantos? -as?	How many?	[ˌhaʊ 'menɪ]
Quanto?	How much?	[ˌhaʊ 'mʌtʃ]
De quem?	Whose?	[hu:z]

16. Preposições

com (prep.)	with	[wɪð]
sem (prep.)	without	[wɪ'ðaʊt]
a, para (exprime lugar)	to	[tuː]
sobre (ex. falar ~)	about	[ə'baʊt]
antes de ...	before	[bɪ'fɔː(r)]
diante de ...	in front of ...	[ɪn 'frʌnt əv]
sob (debaixo de)	under	['ʌndə(r)]
sobre (em cima de)	above	[ə'bʌv]
sobre (~ a mesa)	on	[ɒn]
de (vir ~ Lisboa)	from	[frɒm]
de (feito ~ pedra)	of	[əv]
dentro de (~ dez minutos)	in	[ɪn]
por cima de ...	over	['əʊvə(r)]

17. Palavras funcionais. Advérbios. Parte 1

Onde?	Where?	[weə]
aqui	here	[hɪə(r)]
lá, ali	there	[ðeə(r)]
em algum lugar	somewhere	['sʌmweə(r)]
em lugar nenhum	nowhere	['nəʊweə(r)]
ao pé de ...	by	[baɪ]
ao pé da janela	by the window	[baɪ ðə 'wɪndəʊ]
Para onde?	Where?	[weə]
para cá	here	[hɪə(r)]
para lá	there	[ðeə(r)]
daqui	from here	[frɒm hɪə(r)]
de lá, dali	from there	[frɒm ðeə(r)]
perto	close	[kləʊs]
longe	far	[fɑː(r)]
perto, não fica longe	not far	[nɒt fɑː(r)]
esquerdo	left	[left]
à esquerda	on the left	[ɒn ðə left]
para esquerda	to the left	[tə ðə left]
direito	right	[raɪt]
à direita	on the right	[ɒn ðə raɪt]
para direita	to the right	[tə ðə raɪt]
à frente	in front	[ɪn frʌnt]
da frente	front	[frʌnt]
em frente (para a frente)	ahead	[ə'hed]
atrás de ...	behind	[bɪ'haɪnd]
por detrás (vir ~)	from behind	[frɒm bɪ'haɪnd]

para trás	back	[bæk]
meio (m), metade (f)	middle	['mɪdəl]
no meio	in the middle	[ɪn ðə 'mɪdəl]

de lado	at the side	[ət ðə saɪd]
em todo lugar	everywhere	['evrɪweə(r)]
ao redor (olhar ~)	around	[ə'raʊnd]

de dentro	from inside	[frɒm ɪn'saɪd]
para algum lugar	somewhere	['sʌmweə(r)]
diretamente	straight	[streɪt]
de volta	back	[bæk]

| de algum lugar | from anywhere | [frɒm 'enɪweə(r)] |
| de um lugar | from somewhere | [frɒm 'sʌmweə(r)] |

em primeiro lugar	firstly	['fɜːstlɪ]
em segundo lugar	secondly	['sekəndlɪ]
em terceiro lugar	thirdly	['θɜːdlɪ]

de repente	suddenly	['sʌdənlɪ]
no início	at first	[ət fɜːst]
pela primeira vez	for the first time	[fɔː ðə 'fɜːst ˌtaɪm]
muito antes de ...	long before ...	[lɒŋ bɪ'fɔː(r)]
para sempre	for good	[fɔː 'gʊd]

nunca	never	['nevə(r)]
de novo	again	[ə'gen]
agora	now	[naʊ]
frequentemente	often	['ɒfən]
então	then	[ðen]
urgentemente	urgently	['ɜːdʒəntlɪ]
usualmente	usually	['juːʒəlɪ]

a propósito, ...	by the way, ...	[baɪ ðə weɪ]
é possível	possibly	['pɒsəblɪ]
provavelmente	probably	['prɒbəblɪ]
talvez	maybe	['meɪbiː]
além disso, ...	besides ...	[bɪ'saɪdz]
por isso ...	that's why ...	[ðæts waɪ]
apesar de ...	in spite of ...	[ɪn 'spaɪt əv]
graças a ...	thanks to ...	['θæŋks tuː]

que (pron.)	what	[wɒt]
que (conj.)	that	[ðæt]
algo	something	['sʌmθɪŋ]
alguma coisa	anything, something	['enɪθɪŋ], ['sʌmθɪŋ]
nada	nothing	['nʌθɪŋ]

quem	who	[huː]
alguém (~ teve uma ideia ...)	someone	['sʌmwʌn]
alguém	somebody	['sʌmbədɪ]

ninguém	nobody	['nəʊbədɪ]
para lugar nenhum	nowhere	['nəʊweə(r)]
de ninguém	nobody's	['nəʊbədɪz]

de alguém	somebody's	['sʌmbədɪz]
tão	so	[səʊ]
também (gostaria ~ de …)	also	['ɔːlsəʊ]
também (~ eu)	too	[tuː]

18. Palavras funcionais. Advérbios. Parte 2

Porquê?	Why?	[waɪ]
por alguma razão	for some reason	[fɔː 'sʌm ˌriːzən]
porque …	because …	[bɪ'kɒz]

e (tu ~ eu)	and	[ænd]
ou (ser ~ não ser)	or	[ɔː(r)]
mas (porém)	but	[bʌt]
para (~ a minha mãe)	for	[fɔːr]

demasiado, muito	too	[tuː]
só, somente	only	['əʊnlɪ]
exatamente	exactly	[ɪg'zæktlɪ]
cerca de (~ 10 kg)	about	[ə'baʊt]

aproximadamente	approximately	[ə'prɒksɪmətlɪ]
aproximado	approximate	[ə'prɒksɪmət]
quase	almost	['ɔːlməʊst]
resto (m)	the rest	[ðə rest]

o outro (segundo)	the other	[ðə ʌðə(r)]
outro	other	['ʌðə(r)]
cada	each	[iːtʃ]
qualquer	any	['enɪ]
muitos, muitas	many	['menɪ]
muito	much	[mʌtʃ]
muitas pessoas	many people	[ˌmenɪ 'piːpəl]
todos	all	[ɔːl]

em troca de …	in return for …	[ɪn rɪ'tɜːn fɔː]
em troca	in exchange	[ɪn ɪks'tʃeɪndʒ]
à mão	by hand	[baɪ hænd]
pouco provável	hardly	['hɑːdlɪ]

provavelmente	probably	['prɒbəblɪ]
de propósito	on purpose	[ɒn 'pɜːpəs]
por acidente	by accident	[baɪ 'æksɪdənt]

muito	very	['verɪ]
por exemplo	for example	[fɔːr ɪg'zɑːmpəl]
entre	between	[bɪ'twiːn]
entre (no meio de)	among	[ə'mʌŋ]
tanto	so much	[səʊ mʌtʃ]
especialmente	especially	[ɪ'speʃəlɪ]

Conceitos básicos. Parte 2

19. Dias da semana

segunda-feira (f)	Monday	['mʌndɪ]
terça-feira (f)	Tuesday	['tjuːzdɪ]
quarta-feira (f)	Wednesday	['wenzdɪ]
quinta-feira (f)	Thursday	['θɜːzdɪ]
sexta-feira (f)	Friday	['fraɪdɪ]
sábado (m)	Saturday	['sætədɪ]
domingo (m)	Sunday	['sʌndɪ]
hoje	today	[tə'deɪ]
amanhã	tomorrow	[tə'mɒrəʊ]
depois de amanhã	the day after tomorrow	[ðə deɪ 'ɑːftə tə'mɒrəʊ]
ontem	yesterday	['jestədɪ]
anteontem	the day before yesterday	[ðə deɪ bɪ'fɔː 'jestədɪ]
dia (m)	day	[deɪ]
dia (m) de trabalho	working day	['wɜːkɪŋ deɪ]
feriado (m)	public holiday	['pʌblɪk 'hɒlɪdeɪ]
dia (m) de folga	day off	[ˌdeɪ'ɒf]
fim (m) de semana	weekend	[ˌwiːk'end]
o dia todo	all day long	[ɔːl 'deɪ ˌlɒŋ]
no dia seguinte	the next day	[ðə nekst deɪ]
há dois dias	two days ago	[tu deɪz ə'gəʊ]
na véspera	the day before	[ðə deɪ bɪ'fɔː(r)]
diário	daily	['deɪlɪ]
todos os dias	every day	[ˌevrɪ 'deɪ]
semana (f)	week	[wiːk]
na semana passada	last week	[ˌlɑːst 'wiːk]
na próxima semana	next week	[ˌnekst 'wiːk]
semanal	weekly	['wiːklɪ]
cada semana	every week	[ˌevrɪ 'wiːk]
duas vezes por semana	twice a week	[ˌtwaɪs ə 'wiːk]
cada terça-feira	every Tuesday	['evrɪ 'tjuːzdɪ]

20. Horas. Dia e noite

manhã (f)	morning	['mɔːnɪŋ]
de manhã	in the morning	[ɪn ðə 'mɔːnɪŋ]
meio-dia (m)	noon, midday	[nuːn], ['mɪddeɪ]
à tarde	in the afternoon	[ɪn ðə ˌɑːftə'nuːn]
noite (f)	evening	['iːvnɪŋ]
à noite (noitinha)	in the evening	[ɪn ðɪ 'iːvnɪŋ]

noite (f)	night	[naɪt]
à noite	at night	[ət naɪt]
meia-noite (f)	midnight	['mɪdnaɪt]

segundo (m)	second	['sekənd]
minuto (m)	minute	['mɪnɪt]
hora (f)	hour	['aʊə(r)]
meia hora (f)	half an hour	[ˌhɑːf ən 'aʊə(r)]
quarto (m) de hora	a quarter-hour	[ə 'kwɔːtər'aʊə(r)]
quinze minutos	fifteen minutes	[fɪf'tiːn 'mɪnɪts]
vinte e quatro horas	twenty four hours	['twentɪ fɔːr'aʊəz]

nascer (m) do sol	sunrise	['sʌnraɪz]
amanhecer (m)	dawn	[dɔːn]
madrugada (f)	early morning	['ɜːlɪ 'mɔːnɪŋ]
pôr do sol (m)	sunset	['sʌnset]

de madrugada	early in the morning	['ɜːlɪ ɪn ðə 'mɔːnɪŋ]
hoje de manhã	this morning	[ðɪs 'mɔːnɪŋ]
amanhã de manhã	tomorrow morning	[tə'mɒrəʊ 'mɔːnɪŋ]

hoje à tarde	this afternoon	[ðɪs ˌɑːftə'nuːn]
à tarde	in the afternoon	[ɪn ðə ˌɑːftə'nuːn]
amanhã à tarde	tomorrow afternoon	[tə'mɒrəʊ ˌɑːftə'nuːn]

hoje à noite	tonight	[tə'naɪt]
amanhã à noite	tomorrow night	[tə'mɒrəʊ naɪt]

às três horas em ponto	at 3 o'clock sharp	[ət θriː ə'klɒk ˌʃɑːp]
por volta das quatro	about 4 o'clock	[ə'baʊt ˌfɔːrə'klɒk]
às doze	by 12 o'clock	[baɪ twelv ə'klɒk]

dentro de vinte minutos	in 20 minutes	[ɪn 'twentɪ ˌmɪnɪts]
dentro duma hora	in an hour	[ɪn ən 'aʊə(r)]
a tempo	on time	[ɒn 'taɪm]

menos um quarto	a quarter to ...	[ə 'kwɔːtə tə]
durante uma hora	within an hour	[wɪ'ðɪn æn 'aʊə(r)]
a cada quinze minutos	every 15 minutes	['evrɪ fɪf'tiːn 'mɪnɪts]
as vinte e quatro horas	round the clock	['raʊnd ðə ˌklɒk]

21. Meses. Estações

janeiro (m)	January	['dʒænjʊərɪ]
fevereiro (m)	February	['febrʊərɪ]
março (m)	March	[mɑːʧ]
abril (m)	April	['eɪprəl]
maio (m)	May	[meɪ]
junho (m)	June	[dʒuːn]
julho (m)	July	[dʒuː'laɪ]
agosto (m)	August	['ɔːgəst]
setembro (m)	September	[sep'tembə(r)]
outubro (m)	October	[ɒk'təʊbə(r)]

T&P Books. Vocabulário Português-Inglês americano - 5000 palavras

| novembro (m) | November | [nəʊˈvembə(r)] |
| dezembro (m) | December | [dɪˈsembə(r)] |

primavera (f)	spring	[sprɪŋ]
na primavera	in (the) spring	[ɪn (ðə) sprɪŋ]
primaveril	spring	[sprɪŋ]

verão (m)	summer	[ˈsʌmə(r)]
no verão	in (the) summer	[ɪn (ðə) ˈsʌmə(r)]
de verão	summer	[ˈsʌmə(r)]

outono (m)	fall	[fɔːl]
no outono	in (the) fall	[ɪn (ðə) fɔːl]
outonal	fall	[fɔːl]

inverno (m)	winter	[ˈwɪntə(r)]
no inverno	in (the) winter	[ɪn (ðə) ˈwɪntə(r)]
de inverno	winter	[ˈwɪntə(r)]
mês (m)	month	[mʌnθ]
este mês	this month	[ðɪs mʌnθ]
no próximo mês	next month	[ˌnekst ˈmʌnθ]
no mês passado	last month	[ˌlɑːst ˈmʌnθ]

há um mês	a month ago	[əˌmʌnθ əˈgəʊ]
dentro de um mês	in a month	[ɪn ə ˈmʌnθ]
dentro de dois meses	in two months	[ɪn ˌtuː ˈmʌnθs]
todo o mês	the whole month	[ðə ˌhəʊl ˈmʌnθ]
um mês inteiro	all month long	[ɔːl ˈmʌnθ ˌlɒŋ]

mensal	monthly	[ˈmʌnθlɪ]
mensalmente	monthly	[ˈmʌnθlɪ]
cada mês	every month	[ˌevrɪ ˈmʌnθ]
duas vezes por mês	twice a month	[ˌtwaɪs ə ˈmʌnθ]

ano (m)	year	[jɪə(r)]
este ano	this year	[ðɪs jɪə(r)]
no próximo ano	next year	[ˌnekst ˈjɪə(r)]
no ano passado	last year	[ˌlɑːst ˈjɪə(r)]

há um ano	a year ago	[ə ˌjɪərəˈgəʊ]
dentro dum ano	in a year	[ɪn ə ˈjɪə(r)]
dentro de 2 anos	in two years	[ɪn ˌtuː ˈjɪəz]
todo o ano	the whole year	[ðə ˌhəʊl ˈjɪə(r)]
um ano inteiro	all year long	[ɔːl ˈjɪə ˌlɒŋ]

cada ano	every year	[ˌevrɪ ˈjɪə(r)]
anual	annual	[ˈænjʊəl]
anualmente	annually	[ˈænjʊəlɪ]
quatro vezes por ano	4 times a year	[fɔː taɪmz əˌjɪər]

data (~ de hoje)	date	[deɪt]
data (ex. ~ de nascimento)	date	[deɪt]
calendário (m)	calendar	[ˈkælɪndə(r)]
meio ano	half a year	[ˌhɑːf ə ˈjɪə(r)]
seis meses	six months	[sɪks mʌnθs]
estação (f)	season	[ˈsiːzən]

22. Unidades de medida

peso (m)	weight	[weɪt]
comprimento (m)	length	[leŋθ]
largura (f)	width	[wɪdθ]
altura (f)	height	[haɪt]
profundidade (f)	depth	[depθ]
volume (m)	volume	['vɒljuːm]
área (f)	area	['eərɪə]
grama (m)	gram	[græm]
miligrama (m)	milligram	['mɪlɪgræm]
quilograma (m)	kilogram	['kɪləˌgræm]
tonelada (f)	ton	[tʌn]
libra (453,6 gramas)	pound	[paʊnd]
onça (f)	ounce	[aʊns]
metro (m)	meter	['miːtə(r)]
milímetro (m)	millimeter	['mɪlɪˌmiːtə(r)]
centímetro (m)	centimeter	['sentɪˌmiːtə(r)]
quilómetro (m)	kilometer	['kɪləˌmiːtə(r)]
milha (f)	mile	[maɪl]
polegada (f)	inch	[ɪntʃ]
pé (304,74 mm)	foot	[fʊt]
jarda (914,383 mm)	yard	[jɑːd]
metro (m) quadrado	square meter	[skweə 'miːtə(r)]
hectare (m)	hectare	['hekteə(r)]
litro (m)	liter	['liːtə(r)]
grau (m)	degree	[dɪ'griː]
volt (m)	volt	[vəʊlt]
ampere (m)	ampere	['æmpeə(r)]
cavalo-vapor (m)	horsepower	['hɔːsˌpaʊə(r)]
quantidade (f)	quantity	['kwɒntɪtɪ]
um pouco de ...	a little bit of ...	[ə 'lɪtəl bɪt əv]
metade (f)	half	[hɑːf]
dúzia (f)	dozen	['dʌzən]
peça (f)	piece	[piːs]
dimensão (f)	size	[saɪz]
escala (f)	scale	[skeɪl]
mínimo	minimal	['mɪnɪməl]
menor, mais pequeno	the smallest	[ðə 'smɔːləst]
médio	medium	['miːdɪəm]
máximo	maximal	['mæksɪməl]
maior, mais grande	the largest	[ðə 'lɑːdʒɪst]

23. Recipientes

boião (m) de vidro	jar	[dʒɑː(r)]
lata (~ de cerveja)	can	[kæn]

balde (m)	bucket	['bʌkɪt]
barril (m)	barrel	['bærəl]
bacia (~ de plástico)	basin	['beɪsən]
tanque (m)	tank	[tæŋk]
cantil (m) de bolso	hip flask	[hɪp flɑːsk]
bidão (m) de gasolina	jerrycan	['dʒerɪkæn]
cisterna (f)	tank	[tæŋk]
caneca (f)	mug	[mʌg]
chávena (f)	cup	[kʌp]
pires (m)	saucer	['sɔːsə(r)]
copo (m)	glass	[glɑːs]
taça (f) de vinho	glass	[glɑːs]
panela, caçarola (f)	stock pot	[stɒk pɒt]
garrafa (f)	bottle	['bɒtəl]
gargalo (m)	neck	[nek]
jarro, garrafa (f)	carafe	[kə'ræf]
jarro (m) de barro	pitcher	['pɪtʃə(r)]
recipiente (m)	vessel	['vesəl]
pote (m)	pot	[pɒt]
vaso (m)	vase	[veɪz]
frasco (~ de perfume)	bottle	['bɒtəl]
frasquinho (ex. ~ de iodo)	vial, small bottle	['vaɪəl], [smɔːl 'bɒtəl]
tubo (~ de pasta dentífrica)	tube	[tjuːb]
saca (ex. ~ de açúcar)	sack	[sæk]
saco (~ de plástico)	bag	[bæg]
maço (m)	pack	[pæk]
caixa (~ de sapatos, etc.)	box	[bɒks]
caixa (~ de madeira)	box	[bɒks]
cesta (f)	basket	['bɑːskɪt]

O SER HUMANO

O ser humano. O corpo

24. Cabeça

cabeça (f)	head	[hed]
cara (f)	face	[feɪs]
nariz (m)	nose	[nəʊz]
boca (f)	mouth	[maʊθ]
olho (m)	eye	[aɪ]
olhos (m pl)	eyes	[aɪz]
pupila (f)	pupil	['pju:pəl]
sobrancelha (f)	eyebrow	['aɪbraʊ]
pestana (f)	eyelash	['aɪlæʃ]
pálpebra (f)	eyelid	['aɪlɪd]
língua (f)	tongue	[tʌŋ]
dente (m)	tooth	[tu:θ]
lábios (m pl)	lips	[lɪps]
maçãs (f pl) do rosto	cheekbones	['tʃi:kbəʊnz]
gengiva (f)	gum	[gʌm]
palato (m)	palate	['pælət]
narinas (f pl)	nostrils	['nɒstrɪlz]
queixo (m)	chin	[tʃɪn]
mandíbula (f)	jaw	[dʒɔ:]
bochecha (f)	cheek	[tʃi:k]
testa (f)	forehead	['fɔ:hed]
têmpora (f)	temple	['tempəl]
orelha (f)	ear	[ɪə(r)]
nuca (f)	back of the head	['bæk əv ðə ˌhed]
pescoço (m)	neck	[nek]
garganta (f)	throat	[θrəʊt]
cabelos (m pl)	hair	[heə(r)]
penteado (m)	hairstyle	['heəstaɪl]
corte (m) de cabelo	haircut	['heəkʌt]
peruca (f)	wig	[wɪg]
bigode (m)	mustache	['mʌstæʃ]
barba (f)	beard	[bɪəd]
usar, ter (~ barba, etc.)	to have (vt)	[tə hæv]
trança (f)	braid	[breɪd]
suíças (f pl)	sideburns	['saɪdbɜ:nz]
ruivo	red-haired	['red ˌheəd]
grisalho	gray	[greɪ]

calvo	bald	[bɔːld]
calva (f)	bald patch	[bɔːld pætʃ]
rabo-de-cavalo (m)	ponytail	['pəunɪteɪl]
franja (f)	bangs	[bæŋz]

25. Corpo humano

| mão (f) | hand | [hænd] |
| braço (m) | arm | [ɑːm] |

dedo (m)	finger	['fɪŋgə(r)]
polegar (m)	thumb	[θʌm]
dedo (m) mindinho	little finger	[ˌlɪtəl 'fɪŋgə(r)]
unha (f)	nail	[neɪl]

punho (m)	fist	[fɪst]
palma (f) da mão	palm	[pɑːm]
pulso (m)	wrist	[rɪst]
antebraço (m)	forearm	['fɔːrˌɑːm]
cotovelo (m)	elbow	['elbəʊ]
ombro (m)	shoulder	['ʃəʊldə(r)]

perna (f)	leg	[leg]
pé (m)	foot	[fʊt]
joelho (m)	knee	[niː]
barriga (f) da perna	calf	[kɑːf]
anca (f)	hip	[hɪp]
calcanhar (m)	heel	[hiːl]

corpo (m)	body	['bɒdɪ]
barriga (f)	stomach	['stʌmək]
peito (m)	chest	[tʃest]
seio (m)	breast	[brest]
lado (m)	flank	[flæŋk]
costas (f pl)	back	[bæk]
região (f) lombar	lower back	['ləʊə bæk]
cintura (f)	waist	[weɪst]

umbigo (m)	navel, belly button	['neɪvəl], ['belɪ 'bʌtən]
nádegas (f pl)	buttocks	['bʌtəks]
traseiro (m)	bottom	['bɒtəm]

sinal (m)	beauty mark	['bjuːtɪ mɑːk]
tatuagem (f)	tattoo	[təˈtuː]
cicatriz (f)	scar	[skɑː(r)]

Vestuário & Acessórios

26. Roupa exterior. Casacos

roupa (f)	clothes	[kləʊðz]
roupa (f) exterior	outerwear	['aʊtəweə(r)]
roupa (f) de inverno	winter clothing	['wɪntə 'kləʊðɪŋ]
sobretudo (m)	coat, overcoat	[kəʊt], ['əʊvəkəʊt]
casaco (m) de peles	fur coat	['fɜːˌkəʊt]
casaco curto (m) de peles	fur jacket	['fɜː 'dʒækɪt]
casaco (m) acolchoado	down coat	['daʊn ˌkəʊt]
casaco, blusão (m)	jacket	['dʒækɪt]
impermeável (m)	raincoat	['reɪnkəʊt]
impermeável	waterproof	['wɔːtəpruːf]

27. Vestuário de homem & mulher

camisa (f)	shirt	[ʃɜːt]
calças (f pl)	pants	[pænts]
calças (f pl) de ganga	jeans	[dʒiːnz]
casaco (m) de fato	jacket	['dʒækɪt]
fato (m)	suit	[suːt]
vestido (ex. ~ vermelho)	dress	[dres]
saia (f)	skirt	[skɜːt]
blusa (f)	blouse	[blaʊz]
casaco (m) de malha	knitted jacket	['nɪtɪd 'dʒækɪt]
casaco, blazer (m)	jacket	['dʒækɪt]
T-shirt, camiseta (f)	T-shirt	['tiːˌʃɜːt]
calções (Bermudas, etc.)	shorts	[ʃɔːts]
fato (m) de treino	tracksuit	['træksuːt]
roupão (m) de banho	bathrobe	['bɑːθrəʊb]
pijama (m)	pajamas	[pəˈdʒɑːməz]
suéter (m)	sweater	['swetə(r)]
pulôver (m)	pullover	['pʊlˌəʊvə(r)]
colete (m)	vest	[vest]
fraque (m)	tailcoat	[ˌteɪl'kəʊt]
smoking (m)	tuxedo	[tʌk'siːdəʊ]
uniforme (m)	uniform	['juːnɪfɔːm]
roupa (f) de trabalho	workwear	[wɜːkweə(r)]
fato-macaco (m)	overalls	['əʊvərɔːlz]
bata (~ branca, etc.)	coat	[kəʊt]

28. Vestuário. Roupa interior

roupa (f) interior	underwear	[ˈʌndəweə(r)]
camisola (f) interior	undershirt	[ˈʌndəʃɜːt]
peúgas (f pl)	socks	[sɒks]
camisa (f) de noite	nightdress	[ˈnaɪtdres]
sutiã (m)	bra	[brɑː]
meias longas (f pl)	knee highs	[ˈniː ˌhaɪs]
meia-calça (f)	pantyhose	[ˈpæntɪhəʊz]
meias (f pl)	stockings	[ˈstɒkɪŋz]
fato (m) de banho	bathing suit	[ˈbeɪðɪŋ suːt]

29. Adereços de cabeça

chapéu (m)	hat	[hæt]
chapéu (m) de feltro	fedora	[fɪˈdɔːrə]
boné (m) de beisebol	baseball cap	[ˈbeɪsbɔːl kæp]
boné (m)	flatcap	[flæt kæp]
boina (f)	beret	[ˈbereɪ]
capuz (m)	hood	[hʊd]
panamá (m)	panama	[ˈpænəmɑː]
gorro (m) de malha	knit cap, knitted hat	[nɪt kæp], [ˈnɪtɪd ˌhæt]
lenço (m)	headscarf	[ˈhedskɑːf]
chapéu (m) de mulher	women's hat	[ˈwɪmɪns hæt]
capacete (m) de proteção	hard hat	[hɑːd hæt]
bibico (m)	garrison cap	[ˈɡærɪsən kæp]
capacete (m)	helmet	[ˈhelmɪt]
chapéu-coco (m)	derby	[ˈdɜːbɪ]
chapéu (m) alto	top hat	[tɒp hæt]

30. Calçado

calçado (m)	footwear	[ˈfʊtweə(r)]
botinas (f pl)	shoes	[ʃuːz]
sapatos (de salto alto, etc.)	shoes	[ʃuːz]
botas (f pl)	boots	[buːts]
pantufas (f pl)	slippers	[ˈslɪpəz]
ténis (m pl)	tennis shoes	[ˈtenɪsʃuːz]
sapatilhas (f pl)	sneakers	[ˈsniːkəz]
sandálias (f pl)	sandals	[ˈsændəlz]
sapateiro (m)	cobbler, shoe repairer	[ˈkɒblə(r)], [ʃuː rɪˈpeərə(r)]
salto (m)	heel	[hiːl]
par (m)	pair	[peə(r)]
atacador (m)	shoestring	[ˈʃuːstrɪŋ]

apertar os atacadores	to lace (vt)	[tə leɪs]
calçadeira (f)	shoehorn	['ʃuːhɔːn]
graxa (f) para calçado	shoe polish	[ʃuː 'pɒlɪʃ]

31. Acessórios pessoais

luvas (f pl)	gloves	[glʌvz]
mitenes (f pl)	mittens	['mɪtənz]
cachecol (m)	scarf	[skɑːf]
óculos (m pl)	glasses	[glɑːsɪz]
armação (f) de óculos	frame	[freɪm]
guarda-chuva (m)	umbrella	[ʌm'brelə]
bengala (f)	walking stick	['wɔːkɪŋ stɪk]
escova (f) para o cabelo	hairbrush	['heəbrʌʃ]
leque (m)	fan	[fæn]
gravata (f)	tie	[taɪ]
gravata-borboleta (f)	bow tie	[bəʊ taɪ]
suspensórios (m pl)	suspenders	[sə'spendəz]
lenço (m)	handkerchief	['hæŋkətʃɪf]
pente (m)	comb	[kəʊm]
travessão (m)	barrette	[bə'ret]
gancho (m) de cabelo	hairpin	['heəpɪn]
fivela (f)	buckle	['bʌkəl]
cinto (m)	belt	[belt]
correia (f)	shoulder strap	['ʃəʊldə stræp]
mala (f)	bag	[bæg]
mala (f) de senhora	purse	[pɜːs]
mochila (f)	backpack	['bækpæk]

32. Vestuário. Diversos

moda (f)	fashion	['fæʃən]
na moda	in vogue	[ɪn vəʊg]
estilista (m)	fashion designer	['fæʃən dɪ'zaɪnə(r)]
colarinho (m), gola (f)	collar	['kɒlə(r)]
bolso (m)	pocket	['pɒkɪt]
de bolso	pocket	['pɒkɪt]
manga (f)	sleeve	[sliːv]
alcinha (f)	hanging loop	['hæŋɪŋ luːp]
braguilha (f)	fly	[flaɪ]
fecho (m) de correr	zipper	['zɪpə(r)]
fecho (m), colchete (m)	fastener	['fɑːsənə(r)]
botão (m)	button	['bʌtən]
casa (f) de botão	buttonhole	['bʌtənhəʊl]
soltar-se (vr)	to come off	[tə kʌm ɒf]

coser, costurar (vi)	to sew (vi, vt)	[tə səʊ]
bordar (vt)	to embroider (vi, vt)	[tə ɪmˈbrɔɪdə(r)]
bordado (m)	embroidery	[ɪmˈbrɔɪdərɪ]
agulha (f)	sewing needle	[ˈsəʊɪŋ ˈniːdəl]
fio (m)	thread	[θred]
costura (f)	seam	[siːm]
sujar-se (vr)	to get dirty (vi)	[tə get ˈdɜːtɪ]
mancha (f)	stain	[steɪn]
engelhar-se (vr)	to crease, crumple (vi)	[tə kriːs], [ˈkrʌmpəl]
rasgar (vt)	to tear, to rip (vt)	[tə teər], [tə rɪp]
traça (f)	clothes moth	[kləʊðz mɒθ]

33. Cuidados pessoais. Cosméticos

pasta (f) de dentes	toothpaste	[ˈtuːθpeɪst]
escova (f) de dentes	toothbrush	[ˈtuːθbrʌʃ]
escovar os dentes	to brush one's teeth	[tə brʌʃ wʌns ˈtiːθ]
máquina (f) de barbear	razor	[ˈreɪzə(r)]
creme (m) de barbear	shaving cream	[ˈʃeɪvɪŋ ˌkriːm]
barbear-se (vr)	to shave (vi)	[tə ʃeɪv]
sabonete (m)	soap	[səʊp]
champô (m)	shampoo	[ʃæmˈpuː]
tesoura (f)	scissors	[ˈsɪzəz]
lima (f) de unhas	nail file	[ˈneɪl ˌfaɪl]
corta-unhas (m)	nail clippers	[neɪl ˈklɪpərz]
pinça (f)	tweezers	[ˈtwiːzəz]
cosméticos (m pl)	cosmetics	[kɒzˈmetɪks]
máscara (f) facial	facial mask	[ˈfeɪʃəl mɑːsk]
manicura (f)	manicure	[ˈmænɪˌkjʊə(r)]
fazer a manicura	to have a manicure	[tə hævə ˈmænɪˌkjʊə]
pedicure (f)	pedicure	[ˈpedɪˌkjʊə(r)]
mala (f) de maquilhagem	make-up bag	[ˈmeɪk ʌp ˌbæg]
pó (m)	face powder	[feɪs ˈpaʊdə(r)]
caixa (f) de pó	powder compact	[ˈpaʊdə ˈkɒmpækt]
blush (m)	blusher	[ˈblʌʃə(r)]
perfume (m)	perfume	[ˈpɜːfjuːm]
água (f) de toilette	toilet water	[ˈtɔɪlɪt ˈwɔːtə(r)]
loção (f)	lotion	[ˈləʊʃən]
água-de-colónia (f)	cologne	[kəˈləʊn]
sombra (f) de olhos	eyeshadow	[ˈaɪʃædəʊ]
lápis (m) delineador	eyeliner	[ˈaɪˌlaɪnə(r)]
máscara (f), rímel (m)	mascara	[mæsˈkɑːrə]
batom (m)	lipstick	[ˈlɪpstɪk]
verniz (m) de unhas	nail polish	[ˈneɪl ˌpɒlɪʃ]
laca (f) para cabelos	hair spray	[ˈheəspreɪ]

desodorizante (m)	deodorant	[di:'əʊdərənt]
creme (m)	cream	[kri:m]
creme (m) de rosto	face cream	['feɪs ˌkri:m]
creme (m) de mãos	hand cream	['hænd ˌkri:m]
creme (m) antirrugas	anti-wrinkle cream	['æntɪ 'rɪŋkəl kri:m]
creme (m) de dia	day cream	['deɪ ˌkri:m]
creme (m) de noite	night cream	['naɪt ˌkri:m]
tampão (m)	tampon	['tæmpɒn]
papel (m) higiénico	toilet paper	['tɔɪlɪt 'peɪpə(r)]
secador (m) elétrico	hair dryer	['heəˌdraɪə(r)]

34. Relógios de pulso. Relógios

relógio (m) de pulso	watch	[wɒtʃ]
mostrador (m)	dial	['daɪəl]
ponteiro (m)	hand	[hænd]
bracelete (f) em aço	bracelet	['breɪslɪt]
bracelete (f) em couro	watch strap	[wɒtʃ stræp]
pilha (f)	battery	['bætərɪ]
descarregar-se	to be dead	[tə bi ded]
trocar a pilha	to change a battery	[tə tʃeɪndʒ ə 'bætərɪ]
estar adiantado	to run fast	[tə rʌn fɑ:st]
estar atrasado	to run slow	[tə rʌn sləʊ]
relógio (m) de parede	wall clock	['wɔ:l ˌklɒk]
ampulheta (f)	hourglass	['aʊəglɑ:s]
relógio (m) de sol	sundial	['sʌndaɪəl]
despertador (m)	alarm clock	[ə'lɑ:m klɒk]
relojoeiro (m)	watchmaker	['wɒtʃˌmeɪkə(r)]
reparar (vt)	to repair (vt)	[tə rɪ'peə(r)]

Alimentação. Nutrição

35. Comida

carne (f)	meat	[mi:t]
galinha (f)	chicken	[ˈʧɪkɪn]
frango (m)	Rock Cornish hen	[rɒk ˈkɔ:nɪʃ hen]
pato (m)	duck	[dʌk]
ganso (m)	goose	[gu:s]
caça (f)	game	[geɪm]
peru (m)	turkey	[ˈtɜ:kɪ]
carne (f) de porco	pork	[pɔ:k]
carne (f) de vitela	veal	[vi:l]
carne (f) de carneiro	lamb	[læm]
carne (f) de vaca	beef	[bi:f]
carne (f) de coelho	rabbit	[ˈræbɪt]
chouriço, salsichão (m)	sausage	[ˈsɒsɪdʒ]
salsicha (f)	vienna sausage	[vɪˈenə ˈsɒsɪdʒ]
bacon (m)	bacon	[ˈbeɪkən]
fiambre (f)	ham	[hæm]
presunto (m)	gammon	[ˈgæmən]
patê (m)	pâté	[ˈpæteɪ]
fígado (m)	liver	[ˈlɪvə(r)]
carne (f) moída	hamburger	[ˈhæmbɜ:gə(r)]
língua (f)	tongue	[tʌŋ]
ovo (m)	egg	[eg]
ovos (m pl)	eggs	[egz]
clara (f) do ovo	egg white	[ˈeg ˌwaɪt]
gema (f) do ovo	egg yolk	[ˈeg ˌjəʊk]
peixe (m)	fish	[fɪʃ]
mariscos (m pl)	seafood	[ˈsi:fu:d]
crustáceos (m pl)	crustaceans	[krʌˈsteɪʃənz]
caviar (m)	caviar	[ˈkævɪɑ:(r)]
caranguejo (m)	crab	[kræb]
camarão (m)	shrimp	[ʃrɪmp]
ostra (f)	oyster	[ˈɔɪstə(r)]
lagosta (f)	spiny lobster	[ˈspaɪnɪ ˈlɒbstə(r)]
polvo (m)	octopus	[ˈɒktəpəs]
lula (f)	squid	[skwɪd]
esturjão (m)	sturgeon	[ˈstɜ:dʒən]
salmão (m)	salmon	[ˈsæmən]
halibute (m)	halibut	[ˈhælɪbət]
bacalhau (m)	cod	[kɒd]

cavala, sarda (f)	mackerel	['mækərəl]
atum (m)	tuna	['tu:nə]
enguia (f)	eel	[i:l]
truta (f)	trout	[traʊt]
sardinha (f)	sardine	[sɑ:'di:n]
lúcio (m)	pike	[paɪk]
arenque (m)	herring	['herɪŋ]
pão (m)	bread	[bred]
queijo (m)	cheese	[tʃi:z]
açúcar (m)	sugar	['ʃʊgə(r)]
sal (m)	salt	[sɔ:lt]
arroz (m)	rice	[raɪs]
massas (f pl)	pasta	['pæstə]
talharim (m)	noodles	['nu:dəlz]
manteiga (f)	butter	['bʌtə(r)]
óleo (m) vegetal	vegetable oil	['vedʒtəbəl ɔɪl]
óleo (m) de girassol	sunflower oil	['sʌn͵flaʊə ɔɪl]
margarina (f)	margarine	[͵mɑ:dʒə'ri:n]
azeitonas (f pl)	olives	['ɒlɪvz]
azeite (m)	olive oil	['ɒlɪv ͵ɔɪl]
leite (m)	milk	[mɪlk]
leite (m) condensado	condensed milk	[kən'denst mɪlk]
iogurte (m)	yogurt	['jəʊgərt]
nata (f) azeda	sour cream	['saʊə ͵kri:m]
nata (f) do leite	cream	[kri:m]
maionese (f)	mayonnaise	[͵meɪə'neɪz]
creme (m)	buttercream	['bʌtə͵kri:m]
grãos (m pl) de cereais	groats	[grəʊts]
farinha (f)	flour	['flaʊə(r)]
enlatados (m pl)	canned food	[kænd fu:d]
flocos (m pl) de milho	cornflakes	['kɔ:nfleɪks]
mel (m)	honey	['hʌnɪ]
doce (m)	jam	[dʒæm]
pastilha (f) elástica	chewing gum	['tʃu:ɪŋ ͵gʌm]

36. Bebidas

água (f)	water	['wɔ:tə(r)]
água (f) potável	drinking water	['drɪŋkɪŋ 'wɔ:tə(r)]
água (f) mineral	mineral water	['mɪnərəl 'wɔ:tə(r)]
sem gás	still	[stɪl]
gaseificada	carbonated	['kɑ:bəneɪtɪd]
com gás	sparkling	['spɑ:klɪŋ]
gelo (m)	ice	[aɪs]

com gelo	with ice	[wɪð aɪs]
sem álcool	non-alcoholic	[nɒn ˌælkə'hɒlɪk]
bebida (f) sem álcool	soft drink	[sɒft drɪŋk]
refresco (m)	refreshing drink	[rɪ'freʃɪŋ drɪŋk]
limonada (f)	lemonade	[ˌlemə'neɪd]

bebidas (f pl) alcoólicas	liquors	['lɪkəz]
vinho (m)	wine	[waɪn]
vinho (m) branco	white wine	['waɪt ˌwaɪn]
vinho (m) tinto	red wine	['red ˌwaɪn]

licor (m)	liqueur	[lɪ'kjʊə(r)]
champanhe (m)	champagne	[ʃæm'peɪn]
vermute (m)	vermouth	[vɜː'muːθ]

uísque (m)	whiskey	['wɪskɪ]
vodka (f)	vodka	['vɒdkə]
gim (m)	gin	[dʒɪn]
conhaque (m)	cognac	['kɒnjæk]
rum (m)	rum	[rʌm]

café (m)	coffee	['kɒfɪ]
café (m) puro	black coffee	[blæk 'kɒfɪ]
café (m) com leite	coffee with milk	['kɒfɪ wɪð mɪlk]
cappuccino (m)	cappuccino	[ˌkæpʊ'tʃiːnəʊ]
café (m) solúvel	instant coffee	['ɪnstənt 'kɒfɪ]

leite (m)	milk	[mɪlk]
coquetel (m)	cocktail	['kɒkteɪl]
batido (m) de leite	milkshake	['mɪlk ˌʃeɪk]

sumo (m)	juice	[dʒuːs]
sumo (m) de tomate	tomato juice	[tə'meɪtəʊ dʒuːs]
sumo (m) de laranja	orange juice	['ɒrɪndʒ ˌdʒuːs]
sumo (m) fresco	freshly squeezed juice	['freʃlɪ skwiːzd dʒuːs]

cerveja (f)	beer	[bɪə(r)]
cerveja (f) clara	light beer	[ˌlaɪt 'bɪə(r)]
cerveja (f) preta	dark beer	['dɑːk ˌbɪə(r)]

chá (m)	tea	[tiː]
chá (m) preto	black tea	[blæk tiː]
chá (m) verde	green tea	['griːn ˌtiː]

37. Vegetais

| legumes (m pl) | vegetables | ['vedʒtəbəlz] |
| verduras (f pl) | greens | [griːnz] |

tomate (m)	tomato	[tə'meɪtəʊ]
pepino (m)	cucumber	['kjuːkʌmbə(r)]
cenoura (f)	carrot	['kærət]
batata (f)	potato	[pə'teɪtəʊ]
cebola (f)	onion	['ʌnjən]

alho (m)	garlic	['gɑːlɪk]
couve (f)	cabbage	['kæbɪdʒ]
couve-flor (f)	cauliflower	['kɒlɪˌflaʊə(r)]
couve-de-bruxelas (f)	Brussels sprouts	['brʌsəlz ˌspraʊts]
brócolos (m pl)	broccoli	['brɒkəlɪ]
beterraba (f)	beet	[biːt]
beringela (f)	eggplant	['egplɑːnt]
curgete (f)	zucchini	[zuːˈkiːnɪ]
abóbora (f)	pumpkin	['pʌmpkɪn]
nabo (m)	turnip	['tɜːnɪp]
salsa (f)	parsley	['pɑːslɪ]
funcho, endro (m)	dill	[dɪl]
alface (f)	lettuce	['letɪs]
aipo (m)	celery	['selərɪ]
espargo (m)	asparagus	[əˈspærəgəs]
espinafre (m)	spinach	['spɪnɪdʒ]
ervilha (f)	pea	[piː]
fava (f)	beans	[biːnz]
milho (m)	corn	[kɔːn]
feijão (m)	kidney bean	['kɪdnɪ biːn]
pimentão (m)	bell pepper	[bel 'pepə(r)]
rabanete (m)	radish	['rædɪʃ]
alcachofra (f)	artichoke	['ɑːtɪtʃəʊk]

38. Frutos. Nozes

fruta (f)	fruit	[fruːt]
maçã (f)	apple	['æpəl]
pera (f)	pear	[peə(r)]
limão (m)	lemon	['lemən]
laranja (f)	orange	['ɒrɪndʒ]
morango (m)	strawberry	['strɔːberɪ]
tangerina (f)	mandarin	['mændərɪn]
ameixa (f)	plum	[plʌm]
pêssego (m)	peach	[piːtʃ]
damasco (m)	apricot	['eɪprɪkɒt]
framboesa (f)	raspberry	['rɑːzberɪ]
ananás (m)	pineapple	['paɪnˌæpəl]
banana (f)	banana	[bəˈnɑːnə]
melancia (f)	watermelon	['wɔːtəˌmelən]
uva (f)	grape	[greɪp]
ginja (f)	sour cherry	['saʊə 'tʃerɪ]
cereja (f)	sweet cherry	[swiːt 'tʃerɪ]
meloa (f)	melon	['melən]
toranja (f)	grapefruit	['greɪpfruːt]
abacate (m)	avocado	[ˌævəˈkɑːdəʊ]
papaia (f)	papaya	[pəˈpaɪə]

manga (f)	mango	['mæŋgəʊ]
romã (f)	pomegranate	['pɒmɪˌgrænɪt]

groselha (f) vermelha	redcurrant	['redkʌrənt]
groselha (f) preta	blackcurrant	[ˌblæk'kʌrənt]
groselha (f) espinhosa	gooseberry	['gʊzbərɪ]
mirtilo (m)	bilberry	['bɪlbərɪ]
amora silvestre (f)	blackberry	['blækbərɪ]

uvas (f pl) passas	raisin	['reɪzən]
figo (m)	fig	[fɪg]
tâmara (f)	date	[deɪt]

amendoim (m)	peanut	['piːnʌt]
amêndoa (f)	almond	['ɑːmənd]
noz (f)	walnut	['wɔːlnʌt]
avelã (f)	hazelnut	['heɪzəlnʌt]
coco (m)	coconut	['kəʊkənʌt]
pistáchios (m pl)	pistachios	[pɪ'stɑːʃɪəʊs]

39. Pão. Bolaria

pastelaria (f)	confectionery	[kən'fekʃənərɪ]
pão (m)	bread	[bred]
bolacha (f)	cookies	['kʊkɪz]

chocolate (m)	chocolate	['tʃɒkələt]
de chocolate	chocolate	['tʃɒkələt]
rebuçado (m)	candy	['kændɪ]
bolo (cupcake, etc.)	cake	[keɪk]
bolo (m) de aniversário	cake	[keɪk]

tarte (~ de maçã)	pie	[paɪ]
recheio (m)	filling	['fɪlɪŋ]

doce (m)	jam	[dʒæm]
geleia (f) de frutas	marmalade	['mɑːməleɪd]
waffle (m)	wafers	['weɪfəz]
gelado (m)	ice-cream	[aɪs kriːm]
pudim (m)	pudding	['pʊdɪŋ]

40. Pratos cozinhados

prato (m)	course, dish	[kɔːs], [dɪʃ]
cozinha (~ portuguesa)	cuisine	[kwɪ'ziːn]
receita (f)	recipe	['resɪpɪ]
porção (f)	portion	['pɔːʃən]

salada (f)	salad	['sæləd]
sopa (f)	soup	[suːp]
caldo (m)	clear soup	[ˌklɪə 'suːp]
sandes (f)	sandwich	['sænwɪdʒ]

ovos (m pl) estrelados	fried eggs	['fraɪd ˌegz]
hambúrguer (m)	hamburger	['hæmbɜːgə(r)]
bife (m)	steak	[steɪk]
conduto (m)	side dish	[saɪd dɪʃ]
espaguete (m)	spaghetti	[spə'getɪ]
puré (m) de batata	mashed potatoes	[mæʃt pə'teɪtəuz]
pizza (f)	pizza	['piːtsə]
papa (f)	porridge	['pɒrɪdʒ]
omelete (f)	omelet	['ɒmlɪt]
cozido em água	boiled	['bɔɪld]
fumado	smoked	[sməukt]
frito	fried	[fraɪd]
seco	dried	[draɪd]
congelado	frozen	['frəuzən]
em conserva	pickled	['pɪkəld]
doce (açucarado)	sweet	[swiːt]
salgado	salty	['sɔːltɪ]
frio	cold	[kəuld]
quente	hot	[hɒt]
amargo	bitter	['bɪtə(r)]
gostoso	tasty	['teɪstɪ]
cozinhar (em água a ferver)	to cook in boiling water	[tə kuk ɪn 'bɔɪlɪŋ 'wɔːtə]
fazer, preparar (vt)	to cook (vt)	[tə kuk]
fritar (vt)	to fry (vt)	[tə fraɪ]
aquecer (vt)	to heat up	[tə hiːt ʌp]
salgar (vt)	to salt (vt)	[tə sɔːlt]
apimentar (vt)	to pepper (vt)	[tə 'pepə(r)]
ralar (vt)	to grate (vt)	[tə greɪt]
casca (f)	peel	[piːl]
descascar (vt)	to peel (vt)	[tə piːl]

41. Especiarias

sal (m)	salt	[sɔːlt]
salgado	salty	['sɔːltɪ]
salgar (vt)	to salt (vt)	[tə sɔːlt]
pimenta (f) preta	black pepper	[blæk 'pepə(r)]
pimenta (f) vermelha	red pepper	[red 'pepə(r)]
mostarda (f)	mustard	['mʌstəd]
raiz-forte (f)	horseradish	['hɔːsˌrædɪʃ]
condimento (m)	condiment	['kɒndɪmənt]
especiaria (f)	spice	[spaɪs]
molho (m)	sauce	[sɔːs]
vinagre (m)	vinegar	['vɪnɪgə(r)]
anis (m)	anise	['ænɪs]
manjericão (m)	basil	['beɪzəl]

cravo (m)	cloves	[kləʊvz]
gengibre (m)	ginger	[ˈdʒɪndʒə(r)]
coentro (m)	coriander	[ˌkɒrɪˈændə(r)]
canela (f)	cinnamon	[ˈsɪnəmən]

sésamo (m)	sesame	[ˈsesəmɪ]
folhas (f pl) de louro	bay leaf	[beɪ liːf]
páprica (f)	paprika	[ˈpæprɪkə]
cominho (m)	caraway	[ˈkærəweɪ]
açafrão (m)	saffron	[ˈsæfrən]

42. Refeições

| comida (f) | food | [fuːd] |
| comer (vt) | to eat (vi, vt) | [tə iːt] |

pequeno-almoço (m)	breakfast	[ˈbrekfəst]
tomar o pequeno-almoço	to have breakfast	[tə hæv ˈbrekfəst]
almoço (m)	lunch	[lʌntʃ]
almoçar (vi)	to have lunch	[tə hæv lʌntʃ]
jantar (m)	dinner	[ˈdɪnə(r)]
jantar (vi)	to have dinner	[tə hæv ˈdɪnə(r)]

| apetite (m) | appetite | [ˈæpɪtaɪt] |
| Bom apetite! | Enjoy your meal! | [ɪnˈdʒɔɪ jɔː ˌmiːl] |

abrir (~ uma lata, etc.)	to open (vt)	[tə ˈəʊpən]
derramar (vt)	to spill (vt)	[tə spɪl]
derramar-se (vr)	to spill out (vi)	[tə spɪl aʊt]

ferver (vi)	to boil (vi)	[tə bɔɪl]
ferver (vt)	to boil (vt)	[tə bɔɪl]
fervido	boiled	[ˈbɔɪld]

| arrefecer (vt) | to chill, cool down (vt) | [tə tʃɪl], [kuːl daʊn] |
| arrefecer-se (vr) | to chill (vi) | [tə tʃɪl] |

| sabor, gosto (m) | taste, flavor | [teɪst], [ˈfleɪvə(r)] |
| gostinho (m) | aftertaste | [ˈɑːftəteɪst] |

fazer dieta	to slim down	[tə slɪm daʊn]
dieta (f)	diet	[ˈdaɪət]
vitamina (f)	vitamin	[ˈvaɪtəmɪn]
caloria (f)	calorie	[ˈkæləri]

| vegetariano (m) | vegetarian | [ˌvedʒɪˈteərɪən] |
| vegetariano | vegetarian | [ˌvedʒɪˈteərɪən] |

gorduras (f pl)	fats	[fæts]
proteínas (f pl)	proteins	[ˈprəʊtiːnz]
carboidratos (m pl)	carbohydrates	[ˌkɑːbəʊˈhaɪdreɪts]
fatia (~ de limão, etc.)	slice	[slaɪs]
pedaço (~ de bolo)	piece	[piːs]
migalha (f)	crumb	[krʌm]

43. Por a mesa

colher (f)	spoon	[spu:n]
faca (f)	knife	[naɪf]
garfo (m)	fork	[fɔːk]
chávena (f)	cup	[kʌp]
prato (m)	plate	[pleɪt]
pires (m)	saucer	['sɔːsə(r)]
guardanapo (m)	napkin	['næpkɪn]
palito (m)	toothpick	['tuːθpɪk]

44. Restaurante

restaurante (m)	restaurant	['restrɒnt]
café (m)	coffee house	['kɒfɪ ˌhaʊs]
bar (m), cervejaria (f)	pub, bar	[pʌb], [bɑː(r)]
salão (m) de chá	tearoom	['tiːrʊm]
empregado (m) de mesa	waiter	['weɪtə(r)]
empregada (f) de mesa	waitress	['weɪtrɪs]
barman (m)	bartender	['bɑːrˌtendə(r)]
ementa (f)	menu	['menjuː]
lista (f) de vinhos	wine list	['waɪn lɪst]
reservar uma mesa	to book a table	[tə bʊk ə 'teɪbəl]
prato (m)	course, dish	[kɔːs], [dɪʃ]
pedir (vt)	to order (vi, vt)	[tə 'ɔːdə(r)]
fazer o pedido	to make an order	[tə meɪk ən 'ɔːdə(r)]
aperitivo (m)	aperitif	[əperə'tiːf]
entrada (f)	appetizer	['æpɪtaɪzə(r)]
sobremesa (f)	dessert	[dɪ'zɜːt]
conta (f)	check	[tʃek]
pagar a conta	to pay the check	[tə peɪ ðə tʃek]
dar o troco	to give change	[tə gɪv 'tʃeɪndʒ]
gorjeta (f)	tip	[tɪp]

Família, parentes e amigos

45. Informação pessoal. Formulários

nome (m)	name, first name	[neɪm], [ˈfɜːstˌneɪm]
apelido (m)	surname, last name	[ˈsɜːneɪm], [lɑːst neɪm]
data (f) de nascimento	date of birth	[deɪt əv bɜːθ]
local (m) de nascimento	place of birth	[ˌpleɪs əv ˈbɜːθ]
nacionalidade (f)	nationality	[ˌnæʃəˈnælətɪ]
lugar (m) de residência	place of residence	[ˌpleɪs əv ˈrezɪdəns]
país (m)	country	[ˈkʌntrɪ]
profissão (f)	profession	[prəˈfeʃən]
sexo (m)	gender, sex	[ˈdʒendə(r)], [seks]
estatura (f)	height	[haɪt]
peso (m)	weight	[weɪt]

46. Membros da família. Parentes

mãe (f)	mother	[ˈmʌðə(r)]
pai (m)	father	[ˈfɑːðə(r)]
filho (m)	son	[sʌn]
filha (f)	daughter	[ˈdɔːtə(r)]
filha (f) mais nova	younger daughter	[ˌjʌŋgə ˈdɔːtə(r)]
filho (m) mais novo	younger son	[ˌjʌŋgə ˈsʌn]
filha (f) mais velha	eldest daughter	[ˈeldɪst ˈdɔːtə(r)]
filho (m) mais velho	eldest son	[ˈeldɪst sʌn]
irmão (m)	brother	[ˈbrʌðə(r)]
irmã (f)	sister	[ˈsɪstə(r)]
primo (m)	cousin	[ˈkʌzən]
prima (f)	cousin	[ˈkʌzən]
mamã (f)	mom, mommy	[mɒm], [ˈmɒmɪ]
papá (m)	dad, daddy	[dæd], [ˈdædɪ]
pais (pl)	parents	[ˈpeərənts]
criança (f)	child	[tʃaɪld]
crianças (f pl)	children	[ˈtʃɪldrən]
avó (f)	grandmother	[ˈgrænˌmʌðə(r)]
avô (m)	grandfather	[ˈgrændˌfɑːðə(r)]
neto (m)	grandson	[ˈgrænsʌn]
neta (f)	granddaughter	[ˈgrænˌdɔːtə(r)]
netos (pl)	grandchildren	[ˈgrænˌtʃɪldrən]
tio (m)	uncle	[ˈʌŋkəl]
tia (f)	aunt	[ɑːnt]

sobrinho (m)	nephew	['nefju:]
sobrinha (f)	niece	[ni:s]
sogra (f)	mother-in-law	['mʌðər ɪn 'lɔ:]
sogro (m)	father-in-law	['fɑ:ðə ɪn ˌlɔ:]
genro (m)	son-in-law	['sʌn ɪn ˌlɔ:]
madrasta (f)	stepmother	['stepˌmʌðə(r)]
padrasto (m)	stepfather	['stepˌfɑ:ðə(r)]
criança (f) de colo	infant	['ɪnfənt]
bebé (m)	baby	['beɪbɪ]
menino (m)	little boy	['lɪtəl ˌbɔɪ]
mulher (f)	wife	[waɪf]
marido (m)	husband	['hʌzbənd]
casado	married	['mærɪd]
casada	married	['mærɪd]
solteiro	single	['sɪŋɡəl]
solteirão (m)	bachelor	['bætʃələ(r)]
divorciado	divorced	[dɪ'vɔ:st]
viúva (f)	widow	['wɪdəʊ]
viúvo (m)	widower	['wɪdəʊə(r)]
parente (m)	relative	['relətɪv]
parente (m) próximo	close relative	[ˌkləʊs 'relətɪv]
parente (m) distante	distant relative	['dɪstənt 'relətɪv]
parentes (m pl)	relatives	['relətɪvz]
órfão (m), órfã (f)	orphan	['ɔ:fən]
tutor (m)	guardian	['gɑ:djən]
adotar (um filho)	to adopt (vt)	[tə ə'dɒpt]
adotar (uma filha)	to adopt (vt)	[tə ə'dɒpt]

Medicina

47. Doenças

doença (f)	sickness	['sɪknɪs]
estar doente	to be sick	[tə bi 'sɪk]
saúde (f)	health	[helθ]
nariz (m) a escorrer	runny nose	[ˌrʌni 'nəʊz]
amigdalite (f)	tonsillitis	[ˌtɒnsɪ'laɪtɪs]
constipação (f)	cold	[kəʊld]
constipar-se (vr)	to catch a cold	[tə kætʃ ə 'kəʊld]
bronquite (f)	bronchitis	[brɒŋ'kaɪtɪs]
pneumonia (f)	pneumonia	[njuː'məʊnɪə]
gripe (f)	flu	[fluː]
míope	nearsighted	[ˌnɪə'saɪtɪd]
presbita	farsighted	['faː ˌsaɪtɪd]
estrabismo (m)	strabismus	[strə'bɪzməs]
estrábico	cross-eyed	[krɒs 'aɪd]
catarata (f)	cataract	['kætərækt]
glaucoma (m)	glaucoma	[glɔː'kəʊmə]
AVC (m), apoplexia (f)	stroke	[strəʊk]
ataque (m) cardíaco	heart attack	['hɑːt əˌtæk]
enfarte (m) do miocárdio	myocardial infarction	[ˌmaɪəʊ'kɑːdɪəl ɪn'fɑːkʃən]
paralisia (f)	paralysis	[pə'rælɪsɪs]
paralisar (vt)	to paralyze (vt)	[tə 'pærəlaɪz]
alergia (f)	allergy	['ælədʒɪ]
asma (f)	asthma	['æsmə]
diabetes (f)	diabetes	[ˌdaɪə'biːtiːz]
dor (f) de dentes	toothache	['tuːθeɪk]
cárie (f)	caries	['keəriːz]
diarreia (f)	diarrhea	[ˌdaɪə'rɪə]
prisão (f) de ventre	constipation	[ˌkɒnstɪ'peɪʃən]
desarranjo (m) intestinal	stomach upset	['stʌmək 'ʌpset]
intoxicação (f) alimentar	food poisoning	[fuːd 'pɔɪzənɪŋ]
artrite (f)	arthritis	[ɑː'θraɪtɪs]
raquitismo (m)	rickets	['rɪkɪts]
reumatismo (m)	rheumatism	['ruːmətɪzəm]
arteriosclerose (f)	atherosclerosis	[ˌæθərəʊsklɪ'rəʊsɪs]
gastrite (f)	gastritis	[gæs'traɪtɪs]
apendicite (f)	appendicitis	[əˌpendɪ'saɪtɪs]
colecistite (f)	cholecystitis	[ˌkɒlɪsɪs'taɪtɪs]

úlcera (f)	ulcer	['ʌlsə(r)]
sarampo (m)	measles	['miːzəlz]
rubéola (f)	rubella	[ruː'belə]
iterícia (f)	jaundice	['dʒɔːndɪs]
hepatite (f)	hepatitis	[ˌhepə'taɪtɪs]
esquizofrenia (f)	schizophrenia	[ˌskɪtsə'friːnɪə]
raiva (f)	rabies	['reɪbiːz]
neurose (f)	neurosis	[ˌnjʊə'rəʊsɪs]
comoção (f) cerebral	concussion	[kən'kʌʃən]
cancro (m)	cancer	['kænsə(r)]
esclerose (f)	sclerosis	[sklə'rəʊsɪs]
esclerose (f) múltipla	multiple sclerosis	['mʌltɪpəl sklə'rəʊsɪs]
alcoolismo (m)	alcoholism	['ælkəhɒlɪzəm]
alcoólico (m)	alcoholic	[ˌælkə'hɒlɪk]
sífilis (f)	syphilis	['sɪfɪlɪs]
SIDA (f)	AIDS	[eɪdz]
tumor (m)	tumor	['tjuːmə(r)]
febre (f)	fever	['fiːvə(r)]
malária (f)	malaria	[mə'leərɪə]
gangrena (f)	gangrene	['gæŋgriːn]
enjoo (m)	seasickness	['siːsɪknɪs]
epilepsia (f)	epilepsy	['epɪlepsɪ]
epidemia (f)	epidemic	[ˌepɪ'demɪk]
tifo (m)	typhus	['taɪfəs]
tuberculose (f)	tuberculosis	[tjuːˌbɜːkjʊ'ləʊsɪs]
cólera (f)	cholera	['kɒlərə]
peste (f)	plague	[pleɪg]

48. Sintomas. Tratamentos. Parte 1

sintoma (m)	symptom	['sɪmptəm]
temperatura (f)	temperature	['temprətʃə(r)]
febre (f)	high temperature, fever	[haɪ 'temprətʃə(r)], ['fiːvə(r)]
pulso (m)	pulse, heartbeat	[pʌls], ['hɑːtbiːt]
vertigem (f)	dizziness	['dɪzɪnɪs]
quente (testa, etc.)	hot	[hɒt]
calafrio (m)	shivering	['ʃɪvərɪŋ]
pálido	pale	[peɪl]
tosse (f)	cough	[kɒf]
tossir (vi)	to cough (vi)	[tə kɒf]
espirrar (vi)	to sneeze (vi)	[tə sniːz]
desmaio (m)	faint	[feɪnt]
desmaiar (vi)	to faint (vi)	[tə feɪnt]
nódoa (f) negra	bruise	[bruːz]
galo (m)	bump	[bʌmp]
magoar-se (vr)	to bang (vi)	[tə bæŋ]

pisadura (f)	bruise	[bruːz]
aleijar-se (vr)	to get a bruise	[tə get ə bruːz]
coxear (vi)	to limp (vi)	[tə lɪmp]
deslocação (f)	dislocation	[ˌdɪslə'keɪʃən]
deslocar (vt)	to dislocate (vt)	[tə 'dɪsləkeɪt]
fratura (f)	fracture	['fræktʃə(r)]
fraturar (vt)	to have a fracture	[tə hæv ə 'fræktʃə(r)]
corte (m)	cut	[kʌt]
cortar-se (vr)	to cut oneself	[tə kʌt wʌn'self]
hemorragia (f)	bleeding	['bliːdɪŋ]
queimadura (f)	burn	[bɜːn]
queimar-se (vr)	to get burned	[tə get 'bɜːnd]
picar (vt)	to prick (vt)	[tə prɪk]
picar-se (vr)	to prick oneself	[tə prɪk wʌn'self]
lesionar (vt)	to injure (vt)	[tə 'ɪndʒə(r)]
lesão (m)	injury	['ɪndʒərɪ]
ferida (f), ferimento (m)	wound	[wuːnd]
trauma (m)	trauma	['traʊmə]
delirar (vi)	to be delirious	[tə bi dɪ'lɪrɪəs]
gaguejar (vi)	to stutter (vi)	[tə 'stʌtə(r)]
insolação (f)	sunstroke	['sʌnstrəʊk]

49. Sintomas. Tratamentos. Parte 2

dor (f)	pain, ache	[peɪn], [eɪk]
farpa (no dedo)	splinter	['splɪntə(r)]
suor (m)	sweat	[swet]
suar (vi)	to sweat (vi)	[tə swet]
vómito (m)	vomiting	['vɒmɪtɪŋ]
convulsões (f pl)	convulsions	[kən'vʌlʃənz]
grávida	pregnant	['pregnənt]
nascer (vi)	to be born	[tə bi bɔːn]
parto (m)	delivery, labor	[dɪ'lɪvərɪ], ['leɪbə(r)]
dar à luz	to deliver (vt)	[tə dɪ'lɪvə(r)]
aborto (m)	abortion	[ə'bɔːʃən]
respiração (f)	breathing, respiration	['briːðɪŋ], [ˌrespə'reɪʃən]
inspiração (f)	in-breath, inhalation	['ɪnbreθ], [ˌɪnhə'leɪʃən]
expiração (f)	out-breath, exhalation	['aʊtbreθ], [ˌeksə'leɪʃən]
expirar (vi)	to exhale (vi)	[tə eks'heɪl]
inspirar (vi)	to inhale (vi)	[tə ɪn'heɪl]
inválido (m)	disabled person	[dɪs'eɪbəld 'pɜːsən]
aleijado (m)	cripple	['krɪpəl]
toxicodependente (m)	drug addict	['drʌgˌædɪkt]
surdo	deaf	[def]
mudo	mute	[mjuːt]

surdo-mudo	deaf mute	[def mju:t]
louco (adj.)	mad, insane	[mæd], [ɪnˈseɪn]
louco (m)	madman	[ˈmædmən]
louca (f)	madwoman	[ˈmædˌwʊmən]
ficar louco	to go insane	[tə gəʊ ɪnˈseɪn]
gene (m)	gene	[dʒi:n]
imunidade (f)	immunity	[ɪˈmju:nətɪ]
hereditário	hereditary	[hɪˈredɪtərɪ]
congénito	congenital	[kənˈdʒenɪtəl]
vírus (m)	virus	[ˈvaɪrəs]
micróbio (m)	microbe	[ˈmaɪkrəʊb]
bactéria (f)	bacterium	[bækˈtɪərɪəm]
infeção (f)	infection	[ɪnˈfekʃən]

50. Sintomas. Tratamentos. Parte 3

hospital (m)	hospital	[ˈhɒspɪtəl]
paciente (m)	patient	[ˈpeɪʃənt]
diagnóstico (m)	diagnosis	[ˌdaɪəgˈnəʊsɪs]
cura (f)	cure	[kjʊə]
tratamento (m) médico	treatment	[ˈtri:tmənt]
curar-se (vr)	to get treatment	[tə get ˈtri:tmənt]
tratar (vt)	to treat (vt)	[tə tri:t]
cuidar (pessoa)	to nurse (vt)	[tə nɜ:s]
cuidados (m pl)	care	[keə(r)]
operação (f)	operation, surgery	[ˌɒpəˈreɪʃən], [ˈsɜ:dʒərɪ]
enfaixar (vt)	to bandage (vt)	[tə ˈbændɪdʒ]
enfaixamento (m)	bandaging	[ˈbændɪdʒɪŋ]
vacinação (f)	vaccination	[ˌvæksɪˈneɪʃən]
vacinar (vt)	to vaccinate (vt)	[tə ˈvæksɪneɪt]
injeção (f)	injection, shot	[ɪnˈdʒekʃən], [ʃɒt]
dar uma injeção	to give an injection	[təˌgɪv ən ɪnˈdʒekʃən]
ataque (~ de asma, etc.)	attack	[əˈtæk]
amputação (f)	amputation	[ˌæmpjʊˈteɪʃən]
amputar (vt)	to amputate (vt)	[tə ˈæmpjuteɪt]
coma (f)	coma	[ˈkəʊmə]
estar em coma	to be in a coma	[tə bi ɪn ə ˈkəʊmə]
reanimação (f)	intensive care	[ɪnˈtensɪv ˌkeə(r)]
recuperar-se (vr)	to recover (vi)	[tə rɪˈkʌvə(r)]
estado (~ de saúde)	condition	[kənˈdɪʃən]
consciência (f)	consciousness	[ˈkɒnʃəsnɪs]
memória (f)	memory	[ˈmemərɪ]
tirar (vt)	to pull out	[tə ˌpʊl ˈaʊt]
chumbo (m), obturação (f)	filling	[ˈfɪlɪŋ]
chumbar, obturar (vt)	to fill (vt)	[tə fɪl]
hipnose (f)	hypnosis	[hɪpˈnəʊsɪs]
hipnotizar (vt)	to hypnotize (vt)	[tə ˈhɪpnətaɪz]

51. Médicos

médico (m)	doctor	['dɒktə(r)]
enfermeira (f)	nurse	[nɜːs]
médico (m) pessoal	personal doctor	['pɜːsənəl 'dɒktə(r)]
dentista (m)	dentist	['dentɪst]
oculista (m)	eye doctor	[aɪ 'dɒktə(r)]
terapeuta (m)	internist	[ɪn'tɜːnɪst]
cirurgião (m)	surgeon	['sɜːdʒən]
psiquiatra (m)	psychiatrist	[saɪ'kaɪətrɪst]
pediatra (m)	pediatrician	[ˌpiːdɪə'trɪʃən]
psicólogo (m)	psychologist	[saɪ'kɒlədʒɪst]
ginecologista (m)	gynecologist	[ˌgaɪnɪ'kɒlədʒɪst]
cardiologista (m)	cardiologist	[ˌkɑːdɪ'ɒlədʒɪst]

52. Medicina. Drogas. Acessórios

medicamento (m)	medicine, drug	['medsɪn], [drʌg]
remédio (m)	remedy	['remədɪ]
receitar (vt)	to prescribe (vt)	[tə prɪ'skraɪb]
receita (f)	prescription	[prɪ'skrɪpʃən]
comprimido (m)	tablet, pill	['tæblɪt], [pɪl]
pomada (f)	ointment	['ɔɪntmənt]
ampola (f)	ampule	['æmpuːl]
preparado (m)	mixture	['mɪkstʃə(r)]
xarope (m)	syrup	['sɪrəp]
cápsula (f)	capsule	['kæpsjuːl]
remédio (m) em pó	powder	['paʊdə(r)]
ligadura (f)	bandage	['bændɪdʒ]
algodão (m)	cotton wool	['kɒtənˌwʊl]
iodo (m)	iodine	['aɪədaɪn]
penso (m) rápido	Band-Aid	['bændˌeɪd]
conta-gotas (m)	eyedropper	[aɪ 'drɒpə(r)]
termómetro (m)	thermometer	[θə'mɒmɪtə(r)]
seringa (f)	syringe	[sɪ'rɪndʒ]
cadeira (f) de rodas	wheelchair	['wiːlˌtʃeə(r)]
muletas (f pl)	crutches	[krʌtʃɪz]
analgésico (m)	painkiller	['peɪnˌkɪlə(r)]
laxante (m)	laxative	['læksətɪv]
álcool (m) etílico	spirits (ethanol)	['spɪrɪts], ['eθənɒl]
ervas (f pl) medicinais	medicinal herbs	[mə'dɪsɪnəl ɜːrbz]
de ervas (chá ~)	herbal	['ɜːrbəl]

HABITAT HUMANO

Cidade

53. Cidade. Vida na cidade

cidade (f)	city, town	['sɪtɪ], [taʊn]
capital (f)	capital	['kæpɪtəl]
aldeia (f)	village	['vɪlɪdʒ]
mapa (m) da cidade	city map	['sɪtɪˌmæp]
centro (m) da cidade	downtown	['daʊnˌtaʊn]
subúrbio (m)	suburb	['sʌbɜːb]
suburbano	suburban	[sə'bɜːbən]
periferia (f)	outskirts	['aʊtskɜːts]
arredores (m pl)	environs	[ɪn'vaɪərənz]
quarteirão (m)	city block	['sɪtɪ blɒk]
quarteirão (m) residencial	residential block	[ˌrezɪ'denʃəl blɒk]
tráfego (m)	traffic	['træfɪk]
semáforo (m)	traffic lights	['træfɪk laɪts]
transporte (m) público	public transportation	['pʌblɪk ˌtrænspɔː'teɪʃən]
cruzamento (m)	intersection	[ˌɪntə'sekʃən]
passadeira (f)	crosswalk	['krɒswɔːk]
passagem (f) subterrânea	pedestrian underpass	[pɪ'destrɪən 'ʌndəpɑːs]
cruzar, atravessar (vt)	to cross (vt)	[tə krɒs]
peão (m)	pedestrian	[pɪ'destrɪən]
passeio (m)	sidewalk	['saɪdwɔːk]
ponte (f)	bridge	[brɪdʒ]
margem (f) do rio	embankment	[ɪm'bæŋkmənt]
alameda (f)	allée	[ale]
parque (m)	park	[pɑːk]
bulevar (m)	boulevard	['buːləvɑːd]
praça (f)	square	[skweə(r)]
avenida (f)	avenue	['ævənjuː]
rua (f)	street	[striːt]
travessa (f)	side street	[saɪd striːt]
beco (m) sem saída	dead end	[ˌded 'end]
casa (f)	house	[haʊs]
edifício, prédio (m)	building	['bɪldɪŋ]
arranha-céus (m)	skyscraper	['skaɪˌskreɪpə(r)]
fachada (f)	facade	[fə'sɑːd]
telhado (m)	roof	[ruːf]

janela (f)	window	['wɪndəʊ]
arco (m)	arch	[ɑːtʃ]
coluna (f)	column	['kɒləm]
esquina (f)	corner	['kɔːnə(r)]

montra (f)	store window	['stɔː ˌwɪndəʊ]
letreiro (m)	signboard	['saɪnbɔːd]
cartaz (m)	poster	['pəʊstə(r)]
cartaz (m) publicitário	advertising poster	['ædvətaɪzɪŋ 'pəʊstə(r)]
painel (m) publicitário	billboard	['bɪlbɔːd]

lixo (m)	garbage, trash	['gɑːbɪdʒ], [træʃ]
cesta (f) do lixo	trash can	['træʃkæn]
jogar lixo na rua	to litter (vi)	[tə 'lɪtə(r)]
aterro (m) sanitário	garbage dump	['gɑːbɪdʒ dʌmp]

cabine (f) telefónica	phone booth	['fəʊn ˌbuːð]
candeeiro (m) de rua	street light	['striːt laɪt]
banco (m)	bench	[bentʃ]

polícia (m)	police officer	[pə'liːs 'ɒfɪsə(r)]
polícia (instituição)	police	[pə'liːs]
mendigo (m)	beggar	['begə(r)]
sem-abrigo (m)	homeless	['həʊmlɪs]

54. Instituições urbanas

loja (f)	store	[stɔː(r)]
farmácia (f)	drugstore, pharmacy	['drʌgstɔː(r)], ['fɑːməsɪ]
ótica (f)	eyeglass store	['aɪglɑːs stɔː(r)]
centro (m) comercial	shopping mall	['ʃɒpɪŋ mɔːl]
supermercado (m)	supermarket	['suːpəˌmɑːkɪt]

padaria (f)	bakery	['beɪkərɪ]
padeiro (m)	baker	['beɪkə(r)]
pastelaria (f)	pastry shop	['peɪstrɪ ʃɒp]
mercearia (f)	grocery store	['grəʊsərɪ stɔː(r)]
talho (m)	butcher shop	['bʊtʃəzʃɒp]

| loja (f) de legumes | produce store | ['prɒdjuːs stɔː] |
| mercado (m) | market | ['mɑːkɪt] |

café (m)	coffee house	['kɒfɪ ˌhaʊs]
restaurante (m)	restaurant	['restrɒnt]
bar (m), cervejaria (f)	pub, bar	[pʌb], [bɑː(r)]
pizzaria (f)	pizzeria	[ˌpiːtsə'rɪə]

salão (m) de cabeleireiro	hair salon	['heə 'sælɒn]
correios (m pl)	post office	[pəʊst 'ɒfɪs]
lavandaria (f)	dry cleaners	[ˌdraɪ 'kliːnəz]
estúdio (m) fotográfico	photo studio	['fəʊtəʊ 'stjuːdɪəʊ]

| sapataria (f) | shoe store | ['ʃuː stɔː(r)] |
| livraria (f) | bookstore | ['bʊkstɔː(r)] |

loja (f) de artigos de desporto	sporting goods store	['spɔːtɪŋ gʊdz stɔː(r)]
reparação (f) de roupa	clothes repair shop	[kləʊðz rɪ'peə(r) ʃɒp]
aluguer (m) de roupa	formal wear rental	['fɔːməl weə 'rentəl]
aluguer (m) de filmes	video rental store	['vɪdɪəʊ 'rentəl stɔː]
circo (m)	circus	['sɜːkəs]
jardim (m) zoológico	zoo	[zuː]
cinema (m)	movie theater	['muːvɪ 'θɪətə(r)]
museu (m)	museum	[mjuː'ziːəm]
biblioteca (f)	library	['laɪbrərɪ]
teatro (m)	theater	['θɪətə(r)]
ópera (f)	opera	['ɒpərə]
clube (m) noturno	nightclub	[naɪt klʌb]
casino (m)	casino	[kə'siːnəʊ]
mesquita (f)	mosque	[mɒsk]
sinagoga (f)	synagogue	['sɪnəgɒg]
catedral (f)	cathedral	[kə'θiːdrəl]
templo (m)	temple	['tempəl]
igreja (f)	church	[tʃɜːtʃ]
instituto (m)	college	['kɒlɪdʒ]
universidade (f)	university	[ˌjuːnɪ'vɜːsətɪ]
escola (f)	school	[skuːl]
prefeitura (f)	prefecture	['priːfekˌtjʊə(r)]
câmara (f) municipal	city hall	['sɪtɪ ˌhɔːl]
hotel (m)	hotel	[həʊ'tel]
banco (m)	bank	[bæŋk]
embaixada (f)	embassy	['embəsɪ]
agência (f) de viagens	travel agency	['trævəl 'eɪdʒənsɪ]
agência (f) de informações	information office	[ˌɪnfə'meɪʃən 'ɒfɪs]
casa (f) de câmbio	currency exchange	['kʌrənsɪ ɪks'tʃeɪndʒ]
metro (m)	subway	['sʌbweɪ]
hospital (m)	hospital	['hɒspɪtəl]
posto (m) de gasolina	gas station	[gæs 'steɪʃən]
parque (m) de estacionamento	parking lot	['pɑːkɪŋ lɒt]

55. Sinais

letreiro (m)	signboard	['saɪnbɔːd]
inscrição (f)	notice	['nəʊtɪs]
cartaz, póster (m)	poster	['pəʊstə(r)]
sinal (m) informativo	direction sign	[dɪ'rekʃən saɪn]
seta (f)	arrow	['ærəʊ]
aviso (advertência)	caution	['kɔːʃən]
sinal (m) de aviso	warning sign	['wɔːnɪŋ saɪn]
avisar, advertir (vt)	to warn (vt)	[tə wɔːn]
dia (m) de folga	rest day	[rest deɪ]

| horário (m) | timetable | ['taɪmˌteɪbəl] |
| horário (m) de funcionamento | opening hours | ['əʊpənɪŋ ˌaʊəz] |

BEM-VINDOS!	WELCOME!	['welkəm]
ENTRADA	ENTRANCE	['entrəns]
SAÍDA	EXIT	['eksɪt]

EMPURRE	PUSH	[pʊʃ]
PUXE	PULL	[pʊl]
ABERTO	OPEN	['əʊpən]
FECHADO	CLOSED	[kləʊzd]

| MULHER | WOMEN | ['wɪmɪn] |
| HOMEM | MEN | ['men] |

DESCONTOS	DISCOUNTS	['dɪskaʊnts]
SALDOS	SALE	[seɪl]
NOVIDADE!	NEW!	[nju:]
GRÁTIS	FREE	[fri:]

ATENÇÃO!	ATTENTION!	[ə'tenʃən]
NÃO HÁ VAGAS	NO VACANCIES	[nəʊ 'veɪkənsɪz]
RESERVADO	RESERVED	[rɪ'zɜ:vd]

| ADMINISTRAÇÃO | ADMINISTRATION | [ədˌmɪnɪ'streɪʃən] |
| SOMENTE PESSOAL AUTORIZADO | STAFF ONLY | [stɑ:f 'əʊnlɪ] |

CUIDADO CÃO FEROZ	BEWARE OF THE DOG!	[bɪ'weə əv ðə ˌdɒg]
PROIBIDO FUMAR!	NO SMOKING	[nəʊ 'sməʊkɪŋ]
NÃO TOCAR	DO NOT TOUCH!	[də nɒt 'tʌtʃ]

PERIGOSO	DANGEROUS	['deɪndʒərəs]
PERIGO	DANGER	['deɪndʒə(r)]
ALTA TENSÃO	HIGH VOLTAGE	[haɪ 'vəʊltɪdʒ]
PROIBIDO NADAR	NO SWIMMING!	[nəʊ 'swɪmɪŋ]
AVARIADO	OUT OF ORDER	[ˌaʊt əv 'ɔ:də(r)]

INFLAMÁVEL	FLAMMABLE	['flæməbəl]
PROIBIDO	FORBIDDEN	[fə'bɪdən]
ENTRADA PROIBIDA	NO TRESPASSING!	[nəʊ 'trespəsɪŋ]
CUIDADO TINTA FRESCA	WET PAINT	[wet peɪnt]

56. Transportes urbanos

autocarro (m)	bus	[bʌs]
elétrico (m)	streetcar	['stri:tkɑ:(r)]
troleicarro (m)	trolley bus	['trɒlɪbʌs]
itinerário (m)	route	[raʊt]
número (m)	number	['nʌmbə(r)]

ir de ... (carro, etc.)	to go by ...	[tə gəʊ baɪ]
entrar (~ no autocarro)	to get on	[tə get ɒn]
descer de ...	to get off ...	[tə get ɒf]

paragem (f)	stop	[stɒp]
próxima paragem (f)	next stop	[ˌnekst ˈstɒp]
ponto (m) final	terminus	[ˈtɜːmɪnəs]
horário (m)	schedule	[ˈskedʒʊl]
esperar (vt)	to wait (vt)	[tə weɪt]

| bilhete (m) | ticket | [ˈtɪkɪt] |
| custo (m) do bilhete | fare | [feə(r)] |

bilheteiro (m)	cashier	[kæˈʃɪə(r)]
controlo (m) dos bilhetes	ticket inspection	[ˈtɪkɪt ɪnˈspekʃən]
revisor (m)	ticket inspector	[ˈtɪkɪt ɪnˈspektə(r)]

| atrasar-se (vr) | to be late | [tə bi ˈleɪt] |
| estar com pressa | to be in a hurry | [tə bi ɪn ə ˈhʌrɪ] |

táxi (m)	taxi, cab	[ˈtæksɪ], [kæb]
taxista (m)	taxi driver	[ˈtæksɪ ˈdraɪvə(r)]
de táxi (ir ~)	by taxi	[baɪ ˈtæksɪ]
praça (f) de táxis	taxi stand	[ˈtæksɪ stænd]
chamar um táxi	to call a taxi	[tə kɔːl ə ˈtæksɪ]
apanhar um táxi	to take a taxi	[tə ˌteɪk ə ˈtæksɪ]

tráfego (m)	traffic	[ˈtræfɪk]
engarrafamento (m)	traffic jam	[ˈtræfɪk dʒæm]
horas (f pl) de ponta	rush hour	[ˈrʌʃ ˌaʊə(r)]
estacionar (vi)	to park (vi)	[tə pɑːk]
estacionar (vt)	to park (vt)	[tə pɑːk]
parque (m) de estacionamento	parking lot	[ˈpɑːkɪŋ lɒt]

metro (m)	subway	[ˈsʌbweɪ]
estação (f)	station	[ˈsteɪʃən]
ir de metro	to take the subway	[tə ˌteɪk ðə ˈsʌbweɪ]
comboio (m)	train	[treɪn]
estação (f)	train station	[treɪn ˈsteɪʃən]

57. Turismo

monumento (m)	monument	[ˈmɒnjumənt]
fortaleza (f)	fortress	[ˈfɔːtrɪs]
palácio (m)	palace	[ˈpælɪs]
castelo (m)	castle	[ˈkɑːsəl]
torre (f)	tower	[ˈtaʊə(r)]
mausoléu (m)	mausoleum	[ˌmɔːzəˈlɪəm]

arquitetura (f)	architecture	[ˈɑːkɪtektʃə(r)]
medieval	medieval	[ˌmedɪˈiːvəl]
antigo	ancient	[ˈeɪnʃənt]
nacional	national	[ˈnæʃənəl]
conhecido	famous	[ˈfeɪməs]

turista (m)	tourist	[ˈtʊərɪst]
guia (pessoa)	guide	[gaɪd]
excursão (f)	excursion	[ɪkˈskɜːʃən]

mostrar (vt)	to show (vt)	[tə ʃəʊ]
contar (vt)	to tell (vt)	[tə tel]
encontrar (vt)	to find (vt)	[tə faɪnd]
perder-se (vr)	to get lost	[tə get lɒst]
mapa (~ do metrô)	map	[mæp]
mapa (~ da cidade)	map	[mæp]
lembrança (f), presente (m)	souvenir, gift	[ˌsuːvəˈnɪə], [gɪft]
loja (f) de presentes	gift shop	[ˈgɪftʃɒp]
fotografar (vt)	to take pictures	[tə ˌteɪk ˈpɪktʃəz]

58. Compras

comprar (vt)	to buy (vt)	[tə baɪ]
compra (f)	purchase	[ˈpɜːtʃəs]
fazer compras	to go shopping	[tə gəʊ ˈʃɒpɪŋ]
compras (f pl)	shopping	[ˈʃɒpɪŋ]
estar aberta (loja, etc.)	to be open	[tə bi ˈəʊpən]
estar fechada	to be closed	[tə bi kləʊzd]
calçado (m)	footwear, shoes	[ˈfʊtweə(r)], [ʃuːz]
roupa (f)	clothes, clothing	[kləʊðz], [ˈkləʊðɪŋ]
cosméticos (m pl)	cosmetics	[kɒzˈmetɪks]
alimentos (m pl)	food products	[fuːd ˈprɒdʌkts]
presente (m)	gift, present	[gɪft], [ˈprezənt]
vendedor (m)	salesman	[ˈseɪlzmən]
vendedora (f)	saleswoman	[ˈseɪlzˌwʊmən]
caixa (f)	check out, cash desk	[tʃek aʊt], [kæʃ desk]
espelho (m)	mirror	[ˈmɪrə(r)]
balcão (m)	counter	[ˈkaʊntə(r)]
cabine (f) de provas	fitting room	[ˈfɪtɪŋ ˌrum]
provar (vt)	to try on (vt)	[tə ˌtraɪ ˈɒn]
servir (vi)	to fit (vt)	[tə fɪt]
gostar (apreciar)	to like (vt)	[tə laɪk]
preço (m)	price	[praɪs]
etiqueta (f) de preço	price tag	[ˈpraɪs tæg]
custar (vt)	to cost (vt)	[tə kɒst]
Quanto?	How much?	[ˌhaʊ ˈmʌtʃ]
desconto (m)	discount	[ˈdɪskaʊnt]
não caro	inexpensive	[ˌɪnɪkˈspensɪv]
barato	cheap	[tʃiːp]
caro	expensive	[ɪkˈspensɪv]
É caro	It's expensive	[ɪts ɪkˈspensɪv]
aluguer (m)	rental	[ˈrentəl]
alugar (vestidos, etc.)	to rent (vt)	[tə rent]
crédito (m)	credit	[ˈkredɪt]
a crédito	on credit	[ɒn ˈkredɪt]

59. Dinheiro

dinheiro (m)	money	['mʌnɪ]
câmbio (m)	currency exchange	['kʌrənsɪ ɪks'ʧeɪnʤ]
taxa (f) de câmbio	exchange rate	[ɪks'ʧeɪndʒ reɪt]
Caixa Multibanco (m)	ATM	[ˌeɪtiː'em]
moeda (f)	coin	[kɔɪn]
dólar (m)	dollar	['dɒlə(r)]
euro (m)	euro	['jʊərəʊ]
lira (f)	lira	['lɪərə]
marco (m)	Deutschmark	['dɔɪʧmɑːk]
franco (m)	franc	[fræŋk]
libra (f) esterlina	pound sterling	[paʊnd 'stɜːlɪŋ]
iene (m)	yen	[jen]
dívida (f)	debt	[det]
devedor (m)	debtor	['detə(r)]
emprestar (vt)	to lend (vt)	[tə lend]
pedir emprestado	to borrow (vt)	[tə 'bɒrəʊ]
banco (m)	bank	[bæŋk]
conta (f)	account	[ə'kaʊnt]
depositar (vt)	to deposit (vt)	[tə dɪ'pɒzɪt]
cartão (m) de crédito	credit card	['kredɪt kɑːd]
dinheiro (m) vivo	cash	[kæʃ]
cheque (m)	check	[ʧek]
passar um cheque	to write a check	[tə ˌraɪt ə 'ʧek]
livro (m) de cheques	checkbook	['ʧekˌbʊk]
carteira (f)	wallet	['wɒlɪt]
porta-moedas (m)	change purse	[ʧeɪnʤ pɜːs]
cofre (m)	safe	[seɪf]
herdeiro (m)	heir	[eə(r)]
herança (f)	inheritance	[ɪn'herɪtəns]
fortuna (riqueza)	fortune	['fɔːʧuːn]
arrendamento (m)	lease	[liːs]
renda (f) de casa	rent	[rent]
alugar (vt)	to rent (vt)	[tə rent]
preço (m)	price	[praɪs]
custo (m)	cost	[kɒst]
soma (f)	sum	[sʌm]
gastos (m pl)	expenses	[ɪk'spensɪz]
economizar (vi)	to economize (vi, vt)	[tə ɪ'kɒnəmaɪz]
económico	economical	[ˌiːkə'nɒmɪkəl]
pagar (vt)	to pay (vi, vt)	[tə peɪ]
pagamento (m)	payment	['peɪmənt]
troco (m)	change	[ʧeɪnʤ]

imposto (m)	tax	[tæks]
multa (f)	fine	[faɪn]
multar (vt)	to fine (vt)	[tə faɪn]

60. Correios. Serviço postal

correios (m pl)	post office	[pəʊst 'ɒfɪs]
correio (m)	mail	[meɪl]
carteiro (m)	mailman	['meɪlmən]
horário (m)	opening hours	['əʊpənɪŋ ˌaʊəz]
carta (f)	letter	['letə(r)]
carta (f) registada	registered letter	['redʒɪstəd 'letə(r)]
postal (m)	postcard	['pəʊstkɑːd]
telegrama (m)	telegram	['telɪgræm]
encomenda (f) postal	package, parcel	['pækɪdʒ], ['pɑːsəl]
remessa (f) de dinheiro	money transfer	['mʌnɪ trænsˈfɜː(r)]
receber (vt)	to receive (vt)	[tə rɪˈsiːv]
enviar (vt)	to send (vt)	[tə send]
envio (m)	sending	['sendɪŋ]
endereço (m)	address	[əˈdres]
código (m) postal	ZIP code	['zɪp ˌkəʊd]
remetente (m)	sender	['sendə(r)]
destinatário (m)	receiver	[rɪˈsiːvə(r)]
nome (m)	first name	[fɜːst neɪm]
apelido (m)	surname, last name	['sɜːneɪm], [lɑːst neɪm]
tarifa (f)	rate	[reɪt]
ordinário	standard	['stændəd]
económico	economical	[ˌiːkəˈnɒmɪkəl]
peso (m)	weight	[weɪt]
pesar (estabelecer o peso)	to weigh (vt)	[tə weɪ]
envelope (m)	envelope	['enveləʊp]
selo (m)	postage stamp	['pəʊstɪdʒ ˌstæmp]
colar o selo	to stamp an envelope	[tə stæmp ən 'enveləʊp]

Moradia. Casa. Lar

61. Casa. Eletricidade

eletricidade (f)	electricity	[ˌɪlek'trɪsətɪ]
lâmpada (f)	light bulb	['laɪt ˌbʌlb]
interruptor (m)	switch	[swɪtʃ]
fusível (m)	fuze, fuse	[fjuːz]
fio, cabo (m)	cable, wire	['keɪbəl], ['waɪə]
instalação (f) elétrica	wiring	['waɪərɪŋ]
contador (m) de eletricidade	electricity meter	[ˌɪlek'trɪsətɪ 'miːtə(r)]
indicação (f), registo (m)	readings	['riːdɪŋz]

62. Moradia. Mansão

casa (f) de campo	country house	['kʌntrɪ haʊs]
vila (f)	villa	['vɪlə]
ala (~ do edifício)	wing	[wɪŋ]
jardim (m)	garden	['gɑːdən]
parque (m)	park	[pɑːk]
estufa (f)	conservatory	[kən'sɜːvətrɪ]
cuidar de ...	to look after	[tə ˌlʊk 'ɑːftə(r)]
piscina (f)	swimming pool	['swɪmɪŋ puːl]
ginásio (m)	gym	[dʒɪm]
campo (m) de ténis	tennis court	['tenɪs kɔːt]
cinema (m)	home theater room	[həʊm 'θɪətə rʊm]
garagem (f)	garage	[gə'rɑːʒ]
propriedade (f) privada	private property	['praɪvɪt 'prɒpətɪ]
terreno (m) privado	private land	['praɪvɪt lænd]
advertência (f)	warning	['wɔːnɪŋ]
sinal (m) de aviso	warning sign	['wɔːnɪŋ saɪn]
guarda (f)	security	[sɪ'kjʊərətɪ]
guarda (m)	security guard	[sɪ'kjʊərətɪ gɑːd]
alarme (m)	burglar alarm	['bɜːglə ə'lɑːm]

63. Apartamento

apartamento (m)	apartment	[ə'pɑːtmənt]
quarto (m)	room	[rʊːm]

quarto (m) de dormir	bedroom	['bedrʊm]
sala (f) de jantar	dining room	['daɪnɪŋ rʊm]
sala (f) de estar	living room	['lɪvɪŋ ruːm]
escritório (m)	study	['stʌdɪ]
antessala (f)	entry room	['entrɪ ruːm]
quarto (m) de banho	bathroom	['bɑːθrʊm]
toilette (lavabo)	half bath	[hɑːf bɑːθ]
teto (m)	ceiling	['siːlɪŋ]
chão, soalho (m)	floor	[flɔː(r)]
canto (m)	corner	['kɔːnə(r)]

64. Mobiliário. Interior

mobiliário (m)	furniture	['fɜːnɪtʃə(r)]
mesa (f)	table	['teɪbəl]
cadeira (f)	chair	[tʃeə(r)]
cama (f)	bed	[bed]
divã (m)	couch, sofa	[kaʊtʃ], ['səʊfə]
cadeirão (m)	armchair	['ɑːmtʃeə(r)]
estante (f)	bookcase	['bʊkkeɪs]
prateleira (f)	shelf	[ʃelf]
guarda-vestidos (m)	wardrobe	['wɔːdrəʊb]
cabide (m) de parede	coat rack	['kəʊt ˌræk]
cabide (m) de pé	coat stand	['kəʊt stænd]
cómoda (f)	bureau, dresser	['bjʊərəʊ], ['dresə(r)]
mesinha (f) de centro	coffee table	['kɒfɪ 'teɪbəl]
espelho (m)	mirror	['mɪrə(r)]
tapete (m)	carpet	['kɑːpɪt]
tapete (m) pequeno	rug, small carpet	[rʌg], [smɔːl 'kɑːpɪt]
lareira (f)	fireplace	['faɪəpleɪs]
vela (f)	candle	['kændəl]
castiçal (m)	candlestick	['kændəlstɪk]
cortinas (f pl)	drapes	[dreɪps]
papel (m) de parede	wallpaper	['wɔːlˌpeɪpə(r)]
estores (f pl)	blinds	[blaɪndz]
candeeiro (m) de mesa	table lamp	['teɪbəl læmp]
candeeiro (m) de pé	floor lamp	[flɔː læmp]
lustre (m)	chandelier	[ˌʃændə'lɪə(r)]
pé (de mesa, etc.)	leg	[leg]
braço (m)	armrest	['ɑːmrest]
costas (f pl)	back	[bæk]
gaveta (f)	drawer	[drɔː(r)]

65. Quarto de dormir

roupa (f) de cama	bedclothes	['bedkləʊðz]
almofada (f)	pillow	['pɪləʊ]
fronha (f)	pillowcase	['pɪləʊkeɪs]
cobertor (m)	duvet, comforter	['duːveɪ], ['kʌmfətə(r)]
lençol (m)	sheet	[ʃiːt]
colcha (f)	bedspread	['bedspred]

66. Cozinha

cozinha (f)	kitchen	['kɪtʃɪn]
gás (m)	gas	[gæs]
fogão (m) a gás	gas stove	['gæs stəʊv]
fogão (m) elétrico	electric stove	[ɪ'lektrɪk stəʊv]
forno (m)	oven	['ʌvən]
forno (m) de micro-ondas	microwave oven	['maɪkrəweɪv 'ʌvən]
frigorífico (m)	fridge	[frɪdʒ]
congelador (m)	freezer	['friːzə(r)]
máquina (f) de lavar louça	dishwasher	['dɪʃˌwɒʃə(r)]
moedor (m) de carne	meat grinder	[miːt 'graɪndə(r)]
espremedor (m)	juicer	['dʒuːsə]
torradeira (f)	toaster	['təʊstə(r)]
batedeira (f)	mixer	['mɪksə(r)]
máquina (f) de café	coffee machine	['kɒfɪ mə'ʃiːn]
cafeteira (f)	coffee pot	['kɒfɪ pɒt]
moinho (m) de café	coffee grinder	['kɒfɪ 'graɪndə(r)]
chaleira (f)	kettle	['ketəl]
bule (m)	teapot	['tiːpɒt]
tampa (f)	lid	[lɪd]
coador (m) de chá	tea strainer	[tiː 'streɪnə(r)]
colher (f)	spoon	[spuːn]
colher (f) de chá	teaspoon	['tiːspuːn]
colher (f) de sopa	soup spoon	[suːp spuːn]
garfo (m)	fork	[fɔːk]
faca (f)	knife	[naɪf]
louça (f)	tableware	['teɪbəlweə(r)]
prato (m)	plate	[pleɪt]
pires (m)	saucer	['sɔːsə(r)]
cálice (m)	shot glass	[ʃɒt glɑːs]
copo (m)	glass	[glɑːs]
chávena (f)	cup	[kʌp]
açucareiro (m)	sugar bowl	['ʃʊgə ˌbəʊl]
saleiro (m)	salt shaker	[sɒlt 'ʃeɪkə]
pimenteiro (m)	pepper shaker	['pepə 'ʃeɪkə]

manteigueira (f)	butter dish	['bʌtə dɪʃ]
panela, caçarola (f)	stock pot	[stɒk pɒt]
frigideira (f)	frying pan	['fraɪɪŋ pæn]
concha (f)	ladle	['leɪdəl]
passador (m)	colander	['kʌləndə(r)]
bandeja (f)	tray	[treɪ]
garrafa (f)	bottle	['bɒtəl]
boião (m) de vidro	jar	[dʒɑː(r)]
lata (f)	can	[kæn]
abre-garrafas (m)	bottle opener	['bɒtəl 'əʊpənə(r)]
abre-latas (m)	can opener	[kæn 'əʊpənə(r)]
saca-rolhas (m)	corkscrew	['kɔːkskruː]
filtro (m)	filter	['fɪltə(r)]
filtrar (vt)	to filter (vt)	[tə 'fɪltə(r)]
lixo (m)	trash	[træʃ]
balde (m) do lixo	trash can	['træʃkæn]

67. Casa de banho

quarto (m) de banho	bathroom	['bɑːθrʊm]
água (f)	water	['wɔːtə(r)]
torneira (f)	faucet	['fɔːsɪt]
água (f) quente	hot water	[hɒt 'wɔːtə(r)]
água (f) fria	cold water	[ˌkəʊld 'wɔːtə(r)]
pasta (f) de dentes	toothpaste	['tuːθpeɪst]
escovar os dentes	to brush one's teeth	[tə brʌʃ wʌns 'tiːθ]
barbear-se (vr)	to shave (vi)	[tə ʃeɪv]
espuma (f) de barbear	shaving foam	['ʃeɪvɪŋ fəʊm]
máquina (f) de barbear	razor	['reɪzə(r)]
lavar (vt)	to wash (vt)	[tə wɒʃ]
lavar-se (vr)	to take a bath	[tə teɪk ə bɑːθ]
duche (m)	shower	['ʃaʊə(r)]
tomar um duche	to take a shower	[tə teɪk ə 'ʃaʊə(r)]
banheira (f)	bathtub	['bɑːθtʌb]
sanita (f)	toilet	['tɔɪlɪt]
lavatório (m)	sink, washbasin	[sɪŋk], ['wɒʃˌbeɪsən]
sabonete (m)	soap	[səʊp]
saboneteira (f)	soap dish	['səʊpdɪʃ]
esponja (f)	sponge	[spʌndʒ]
champô (m)	shampoo	[ʃæmˈpuː]
toalha (f)	towel	['taʊəl]
roupão (m) de banho	bathrobe	['bɑːθrəʊb]
lavagem (f)	laundry	['lɔːndrɪ]
máquina (f) de lavar	washing machine	['wɒʃɪŋ məˈʃiːn]

lavar a roupa | to do the laundry | [tə du: ðə 'lɔ:ndrɪ]
detergente (m) | laundry detergent | ['lɔ:ndrɪ dɪ'tɜ:dʒənt]

68. Eletrodomésticos

televisor (m)	TV set	[ˌti:'vi: set]
gravador (m)	tape recorder	[teɪp rɪ'kɔ:də(r)]
videogravador (m)	video, VCR	['vɪdɪəʊ], [ˌvi:si:'ɑ:(r)]
rádio (m)	radio	['reɪdɪəʊ]
leitor (m)	player	['pleɪə(r)]
projetor (m)	video projector	['vɪdɪəʊ prə'dʒektə(r)]
cinema (m) em casa	home movie theater	[həʊm 'mu:vɪ 'θɪətə(r)]
leitor (m) de DVD	DVD player	[ˌdi:vi:'di: 'pleɪə(r)]
amplificador (m)	amplifier	['æmplɪfaɪə]
console (f) de jogos	video game console	['vɪdɪəʊ geɪm 'kɒnsəʊl]
câmara (f) de vídeo	video camera	['vɪdɪəʊ 'kæmərə]
máquina (f) fotográfica	camera	['kæmərə]
câmara (f) digital	digital camera	['dɪdʒɪtəl 'kæmərə]
aspirador (m)	vacuum cleaner	['vækjʊəm 'kli:nə(r)]
ferro (m) de engomar	iron	['aɪrən]
tábua (f) de engomar	ironing board	['aɪrənɪŋ bɔ:d]
telefone (m)	telephone	['telɪfəʊn]
telemóvel (m)	cell phone	['selfəʊn]
máquina (f) de escrever	typewriter	['taɪpˌraɪtə(r)]
máquina (f) de costura	sewing machine	['səʊɪŋ mə'ʃi:n]
microfone (m)	microphone	['maɪkrəfəʊn]
auscultadores (m pl)	headphones	['hedfəʊnz]
controlo remoto (m)	remote control	[rɪ'məʊt kən'trəʊl]
CD (m)	CD, compact disc	[ˌsi:'di:], [kəm'pækt dɪsk]
cassete (f)	cassette, tape	[kæ'set], [teɪp]
disco (m) de vinil	vinyl record	['vaɪnɪl 'rekɔ:d]

ATIVIDADES HUMANAS

Emprego. Negócios. Parte 1

69. Escritório. O trabalho no escritório

escritório (~ de advogados)	office	['ɒfɪs]
escritório (do diretor, etc.)	office	['ɒfɪs]
secretário (m)	secretary	['sekrətərɪ]
secretária (f)	secretary	['sekrətərɪ]
diretor (m)	director	[dɪ'rektə(r)]
gerente (m)	manager	['mænɪdʒə(r)]
contabilista (m)	accountant	[ə'kaʊntənt]
empregado (m)	employee	[ɪm'plɔɪiː]
mobiliário (m)	furniture	['fɜːnɪtʃə(r)]
mesa (f)	desk	[desk]
cadeira (f)	desk chair	[desk ʃeə(r)]
bloco (m) de gavetas	drawer unit	[drɔːr 'juːnɪt]
cabide (m) de pé	coat stand	['kəʊt stænd]
computador (m)	computer	[kəm'pjuːtə(r)]
impressora (f)	printer	['prɪntə(r)]
fax (m)	fax machine	[fæks mə'ʃiːn]
fotocopiadora (f)	photocopier	['fəʊtəʊˌkɒpɪə]
papel (m)	paper	['peɪpə(r)]
artigos (m pl) de escritório	office supplies	['ɒfɪs sə'plaɪs]
tapete (m) de rato	mouse pad	[maʊs pæd]
folha (f) de papel	sheet of paper	[ʃiːt əv 'peɪpə]
catálogo (m)	catalog	['kætəlɒg]
diretório (f) telefónico	phone directory	['fəʊn dɪ'rektərɪ]
documentação (f)	documentation	[ˌdɒkjʊmen'teɪʃən]
brochura (f)	brochure	[brəʊ'ʃʊr]
flyer (m)	leaflet	['liːflɪt]
amostra (f)	sample	['sɑːmpəl]
formação (f)	training meeting	['treɪnɪŋ 'miːtɪŋ]
reunião (f)	meeting	['miːtɪŋ]
hora (f) de almoço	lunch time	['lʌntʃ ˌtaɪm]
fazer uma cópia	to make a copy	[tə meɪk ə 'kɒpɪ]
tirar cópias	to make multiple copies	[tə meɪk 'mʌltɪpəl 'kɒpɪs]
receber um fax	to receive a fax	[tə rɪ'siːv ə 'fæks]
enviar um fax	to send a fax	[tə ˌsend ə 'fæks]
fazer uma chamada	to call (vi, vt)	[tə kɔːl]
responder (vt)	to answer (vi, vt)	[tə 'ɑːnsə(r)]

T&P Books. Vocabulário Português-Inglês americano - 5000 palavras

passar (vt)	to put through	[tə pʊt θru:]
marcar (vt)	to arrange (vt)	[tə ə'reɪndʒ]
demonstrar (vt)	to demonstrate (vt)	[tə 'demənstreɪt]
estar ausente	to be absent	[tə bi 'æbsənt]
ausência (f)	absence	['æbsəns]

70. Processos negociais. Parte 1

negócio (m)	business	['bɪznɪs]
firma, empresa (f)	firm	[fɜ:m]
companhia (f)	company	['kʌmpənɪ]
corporação (f)	corporation	[ˌkɔ:pə'reɪʃən]
empresa (f)	enterprise	['entəpraɪz]
agência (f)	agency	['eɪdʒənsɪ]

acordo (documento)	agreement	[ə'gri:mənt]
contrato (m)	contract	['kɒntrækt]
acordo (transação)	deal	[di:l]
encomenda (f)	order, command	['ɔ:də(r)], [kə'mɑ:nd]
cláusulas (f pl), termos (m pl)	terms	[tɜ:mz]

por grosso (adv)	wholesale	['həʊlseɪl]
por grosso (adj)	wholesale	['həʊlseɪl]
venda (f) por grosso	wholesale	['həʊlseɪl]
a retalho	retail	['ri:teɪl]
venda (f) a retalho	retail	['ri:teɪl]

concorrente (m)	competitor	[kəm'petɪtə(r)]
concorrência (f)	competition	[ˌkɒmpɪ'tɪʃən]
competir (vi)	to compete (vi)	[tə kəm'pi:t]

| sócio (m) | partner, associate | ['pɑ:tnə(r)], [ə'səʊʃɪət] |
| parceria (f) | partnership | ['pɑ:tnəʃɪp] |

crise (f)	crisis	['kraɪsɪs]
bancarrota (f)	bankruptcy	['bæŋkrʌptsɪ]
entrar em falência	to go bankrupt	[tə gəʊ 'bæŋkrʌpt]
dificuldade (f)	difficulty	['dɪfɪkəltɪ]
problema (m)	problem	['prɒbləm]
catástrofe (f)	catastrophe	[kə'tæstrəfɪ]

economia (f)	economy	[ɪ'kɒnəmɪ]
económico	economic	[ˌi:kə'nɒmɪk]
recessão (f) económica	economic recession	[ˌi:kə'nɒmɪk rɪ'seʃən]

| objetivo (m) | goal | [gəʊl] |
| tarefa (f) | task | [tɑ:sk] |

comerciar (vi, vt)	to trade (vi)	[tə treɪd]
rede (de distribuição)	network	['netwɜ:k]
estoque (m)	inventory, stock	['ɪnvəntərɪ], [stɒk]
sortimento (m)	range, assortment	[reɪndʒ], [ə'sɔ:tmənt]
líder (m)	leader	['li:də(r)]
grande (~ empresa)	big, large	[bɪg], [lɑ:dʒ]

monopólio (m)	monopoly	[mə'nɒpəlɪ]
teoria (f)	theory	['θɪərɪ]
prática (f)	practice	['præktɪs]
experiência (falar por ~)	experience	[ɪk'spɪərɪəns]
tendência (f)	trend	[trend]
desenvolvimento (m)	development	[dɪ'veləpmənt]

71. Processos negociais. Parte 2

| rentabilidade (f) | profit | ['prɒfɪt] |
| rentável | profitable | ['prɒfɪtəbəl] |

delegação (f)	delegation	[ˌdelɪ'geɪʃən]
salário, ordenado (m)	salary	['sælərɪ]
corrigir (um erro)	to correct (vt)	[tə kə'rekt]
viagem (f) de negócios	business trip	['bɪznɪs trɪp]
comissão (f)	commission	[kə'mɪʃən]

controlar (vt)	to control (vt)	[tə kən'trəʊl]
conferência (f)	conference	['kɒnfərəns]
licença (f)	license	['laɪsəns]
confiável	reliable	[rɪ'laɪəbəl]

empreendimento (m)	initiative	[ɪ'nɪʃətɪv]
norma (f)	norm	[nɔ:m]
circunstância (f)	circumstance	['sɜ:kəmstəns]
dever (m)	duty	['dju:tɪ]

empresa (f)	organization	[ˌɔ:gənaɪ'zeɪʃən]
organização (f)	organization	[ˌɔ:gənaɪ'zeɪʃən]
organizado	organized	['ɔ:gənaɪzd]
anulação (f)	cancellation	[ˌkænsə'leɪʃən]
anular, cancelar (vt)	to cancel (vt)	[tə 'kænsəl]
relatório (m)	report	[rɪ'pɔ:t]

patente (f)	patent	['pætənt]
patentear (vt)	to patent (vt)	[tə 'pætənt]
planear (vt)	to plan (vt)	[tə plæn]

prémio (m)	bonus	['bəʊnəs]
profissional	professional	[prə'feʃənəl]
procedimento (m)	procedure	[prə'si:dʒə(r)]

examinar (a questão)	to examine (vt)	[tə ɪg'zæmɪn]
cálculo (m)	calculation	[ˌkælkju'leɪʃən]
reputação (f)	reputation	[ˌrepju'teɪʃən]
risco (m)	risk	[rɪsk]

dirigir (~ uma empresa)	to manage (vt)	[tə 'mænɪdʒ]
informação (f)	information	[ˌɪnfə'meɪʃən]
propriedade (f)	property	['prɒpətɪ]
união (f)	union	['ju:nɪən]
seguro (m) de vida	life insurance	[laɪf ɪn'ʃʊə:rəns]
fazer um seguro	to insure (vt)	[tu ɪn'ʃʊə:(r)]

seguro (m)	insurance	[ɪnˈʃuəːrəns]
leilão (m)	auction	[ˈɔːkʃən]
notificar (vt)	to notify (vt)	[tə ˈnəʊtɪfaɪ]
gestão (f)	management	[ˈmænɪdʒmənt]
serviço (indústria de ~s)	service	[ˈsɜːvɪs]
fórum (m)	forum	[ˈfɔːrəm]
funcionar (vi)	to function (vi)	[tə ˈfʌŋkʃən]
estágio (m)	stage	[steɪdʒ]
jurídico	legal	[ˈliːgəl]
jurista (m)	lawyer	[ˈlɔːjə(r)]

72. Produção. Trabalhos

usina (f)	plant	[plɑːnt]
fábrica (f)	factory	[ˈfæktərɪ]
oficina (f)	workshop	[ˈwɜːkʃɒp]
local (m) de produção	production site	[prəˈdʌkʃən saɪt]
indústria (f)	industry	[ˈɪndʌstrɪ]
industrial	industrial	[ɪnˈdʌstrɪəl]
indústria (f) pesada	heavy industry	[ˈhevɪ ˈɪndʌstrɪ]
indústria (f) ligeira	light industry	[laɪt ˈɪndʌstrɪ]
produção (f)	products	[ˈprɒdʌkts]
produzir (vt)	to produce (vt)	[tə prəˈdjuːs]
matérias-primas (f pl)	raw materials	[rɔː məˈtɪərɪəlz]
chefe (m) de brigada	foreman	[ˈfɔːmən]
brigada (f)	workers team	[ˈwɜːkəz tiːm]
operário (m)	worker	[ˈwɜːkə(r)]
dia (m) de trabalho	working day	[ˈwɜːkɪŋ deɪ]
pausa (f)	pause, break	[pɔːz], [breɪk]
reunião (f)	meeting	[ˈmiːtɪŋ]
discutir (vt)	to discuss (vt)	[tə dɪsˈkʌs]
plano (m)	plan	[plæn]
cumprir o plano	to fulfill the plan	[tə fʊlˈfɪl ðə plæn]
taxa (f) de produção	rate of output	[reɪt əv ˈaʊtpʊt]
qualidade (f)	quality	[ˈkwɒlɪtɪ]
controlo (m)	checking	[ˈtʃekɪŋ]
controlo (m) da qualidade	quality control	[ˈkwɒlɪtɪ kənˈtrəʊl]
segurança (f) no trabalho	workplace safety	[ˈwɜːkpleɪs ˈseɪftɪ]
disciplina (f)	discipline	[ˈdɪsɪplɪn]
infração (f)	violation	[ˌvaɪəˈleɪʃən]
violar (as regras)	to violate (vt)	[təˈvaɪəleɪt]
greve (f)	strike	[straɪk]
grevista (m)	striker	[ˈstraɪkə(r)]
estar em greve	to be on strike	[tə bi ɒn straɪk]
sindicato (m)	labor union	[ˈleɪbə ˈjuːnɪən]
inventar (vt)	to invent (vt)	[tə ɪnˈvent]

invenção (f)	invention	[ɪnˈvenʃən]
pesquisa (f)	research	[rɪˈsɜːtʃ]
melhorar (vt)	to improve (vt)	[tu ɪmˈpruːv]
tecnologia (f)	technology	[tekˈnɒlədʒɪ]
desenho (m) técnico	technical drawing	[ˈteknɪkəl ˈdrɔːɪŋ]

carga (f)	load, cargo	[ləʊd], [ˈkɑːgəʊ]
carregador (m)	loader	[ˈləʊdə(r)]
carregar (vt)	to load (vt)	[tə ləʊd]
carregamento (m)	loading	[ˈləʊdɪŋ]

| descarregar (vt) | to unload (vi, vt) | [tə ˌʌnˈləʊd] |
| descarga (f) | unloading | [ˌʌnˈləʊdɪŋ] |

transporte (m)	transportation	[ˌtrænspɔːˈteɪʃən]
companhia (f) de transporte	transportation company	[ˌtrænspɔːˈteɪʃən ˈkʌmpənɪ]
transportar (vt)	to transport (vt)	[tə trænˈspɔːt]

vagão (m) de carga	freight car	[freɪt kɑː(r)]
cisterna (f)	tank	[tæŋk]
camião (m)	truck	[trʌk]

| máquina-ferramenta (f) | machine tool | [məˈʃiːn tuːl] |
| mecanismo (m) | mechanism | [ˈmekənɪzəm] |

resíduos (m pl) industriais	industrial waste	[ɪnˈdʌstrɪəl weɪst]
embalagem (f)	packing	[ˈpækɪŋ]
embalar (vt)	to pack (vt)	[tə pæk]

73. Contrato. Acordo

contrato (m)	contract	[ˈkɒntrækt]
acordo (m)	agreement	[əˈgriːmənt]
adenda (f), anexo (m)	addendum	[əˈdendəm]

| assinar o contrato | to sign a contract | [tə saɪn ə ˈkɒntrækt] |
| assinatura (f) | signature | [ˈsɪgnətʃə(r)] |

| assinar (vt) | to sign (vt) | [tə saɪn] |
| carimbo (m) | stamp, seal | [stæmp], [siːl] |

| objeto (m) do contrato | subject of the contract | [ˈsʌbdʒɪkt əv ðə ˈkɒntrækt] |
| cláusula (f) | clause | [klɔːz] |

| partes (f pl) | parties | [ˈpɑːtɪz] |
| morada (f) jurídica | legal address | [ˈliːgəl əˈdres] |

| violar o contrato | to violate the contract | [tə ˈvaɪəleɪt ðə ˈkɒntrækt] |
| obrigação (f) | commitment | [kəˈmɪtmənt] |

responsabilidade (f)	responsibility	[rɪˌspɒnsəˈbɪlɪtɪ]
força (f) maior	force majeure	[fɔːs mæˈʒɜː]
litígio (m), disputa (f)	dispute	[dɪˈspjuːt]
multas (f pl)	penalties	[ˈpenəltɪz]

74. Importação & Exportação

importação (f)	import	['ɪmpɔːt]
importador (m)	importer	[ɪm'pɔːtə(r)]
importar (vt)	to import (vt)	[tə ɪm'pɔːt]
de importação	import	['ɪmpɔːt]
exportação (f)	export	['ekspɔːt]
exportador (m)	exporter	[ek'spɔːtə(r)]
exportar (vt)	to export (vi, vt)	[tə ɪk'spɔːt]
de exportação	export	['ekspɔːt]
mercadoria (f)	goods	[gʊdz]
lote (de mercadorias)	consignment, lot	[ˌkən'saɪnmənt], [lɒt]
peso (m)	weight	[weɪt]
volume (m)	volume	['vɒljuːm]
metro (m) cúbico	cubic meter	['kjuːbɪk 'miːtə(r)]
produtor (m)	manufacturer	[ˌmænjʊ'fæktʃərə(r)]
companhia (f) de transporte	transportation company	[ˌtrænspɔː'teɪʃən 'kʌmpənɪ]
contentor (m)	container	[kən'teɪnə(r)]
fronteira (f)	border	['bɔːdə(r)]
alfândega (f)	customs	['kʌstəmz]
taxa (f) alfandegária	customs duty	['kʌstəmz 'djuːtɪ]
funcionário (m) da alfândega	customs officer	['kʌstəmz 'ɒfɪsə(r)]
contrabando (atividade)	smuggling	['smʌglɪŋ]
contrabando (produtos)	contraband	['kɒntrəbænd]

75. Finanças

ação (f)	stock, share	[stɒk], [ʃeə(r)]
obrigação (f)	bond	[bɒnd]
nota (f) promissória	promissory note	['prɒmɪsərɪ nəʊt]
bolsa (f)	stock exchange	[stɒk ɪks'tʃeɪndʒ]
cotação (m) das ações	stock price	[stɒk praɪs]
tornar-se mais barato	to go down	[tə gəʊ daʊn]
tornar-se mais caro	to go up	[tə gəʊ ʌp]
parte (f)	share	[ʃeə(r)]
participação (f) maioritária	controlling interest	[kən'trəʊlɪŋ 'ɪntrəst]
investimento (m)	investment	[ɪn'vestmənt]
investir (vt)	to invest (vi, vt)	[tu ɪn'vest]
percentagem (f)	percent	[pə'sent]
juros (m pl)	interest	['ɪntrəst]
lucro (m)	profit	['prɒfɪt]
lucrativo	profitable	['prɒfɪtəbəl]
imposto (m)	tax	[tæks]

divisa (f)	currency	['kʌrənsɪ]
nacional	national	['næʃənəl]
câmbio (m)	exchange	[ɪks'tʃeɪndʒ]

| contabilista (m) | accountant | [ə'kaʊntənt] |
| contabilidade (f) | accounting | [ə'kaʊntɪs dɪ'pɑːtmənt] |

bancarrota (f)	bankruptcy	['bæŋkrʌptsɪ]
arruinar-se (vr)	to be ruined	[tə biː 'ruːɪnd]
inflação (f)	inflation	[ɪn'fleɪʃən]
desvalorização (f)	devaluation	['diːˌvæljʊ'eɪʃən]

capital (m)	capital	['kæpɪtəl]
rendimento (m)	income	['ɪŋkʌm]
volume (m) de negócios	turnover	['tɜːnˌəʊvə(r)]
recursos (m pl)	resources	[rɪ'sɔːsɪz]
recursos (m pl) financeiros	monetary resources	['mʌnɪtərɪ rɪ'sɔːsɪz]

| despesas (f pl) gerais | overhead | ['əʊvəhed] |
| reduzir (vt) | to reduce (vt) | [tə rɪ'djuːs] |

76. Marketing

marketing (m)	marketing	['mɑːkɪtɪŋ]
mercado (m)	market	['mɑːkɪt]
segmento (m) do mercado	market segment	['mɑːkɪt 'segmənt]
produto (m)	product	['prɒdʌkt]
mercadoria (f)	goods	[gʊdz]

marca (f)	brand	[brænd]
marca (f) comercial	trade mark	[treɪd mɑːk]
logo (m)	logo	['ləʊgəʊ]

demanda (f)	demand	[dɪ'mɑːnd]
oferta (f)	supply	[sə'plaɪ]
necessidade (f)	need	[niːd]
consumidor (m)	consumer	[kən'sjuːmə(r)]

análise (f)	analysis	[ə'næləsɪs]
analisar (vt)	to analyze (vt)	[tu 'ænəlaɪz]
posicionamento (m)	positioning	[pə'zɪʃənɪŋ]
posicionar (vt)	to position (vt)	[tə pə'zɪʃən]

preço (m)	price	[praɪs]
política (f) de preços	pricing policy	['praɪsɪŋ 'pɒləsɪ]
formação (f) de preços	price formation	[praɪs fɔː'meɪʃən]

77. Publicidade

publicidade (f)	advertising	['ædvətaɪzɪŋ]
publicitar (vt)	to advertise (vt)	[tə 'ædvətaɪz]
orçamento (m)	budget	['bʌdʒɪt]

anúncio (m) publicitário	advertisement	[ˌædvəˈtaɪzmənt]
publicidade (f) televisiva	TV advertising	[ˌtiːˈviː ˈædvətaɪzɪŋ]
publicidade (f) na rádio	radio advertising	[ˈreɪdɪəʊ ˈædvətaɪzɪŋ]
publicidade (f) exterior	outdoor advertising	[ˈaʊtdɔː(r) ˈædvətaɪzɪŋ]

comunicação (f) de massa	mass media	[mæs ˈmiːdɪə]
periódico (m)	periodical	[ˌpɪərɪˈɒdɪkəl]
imagem (f)	image	[ˈɪmɪdʒ]

| slogan (m) | slogan | [ˈsləʊɡən] |
| mote (m), divisa (f) | motto | [ˈmɒtəʊ] |

campanha (f)	campaign	[kæmˈpeɪn]
companha (f) publicitária	advertising campaign	[ˈædvətaɪzɪŋ kæmˈpeɪn]
grupo (m) alvo	target group	[ˈtɑːɡɪt ɡruːp]

cartão (m) de visita	business card	[ˈbɪznɪs kɑːd]
flyer (m)	leaflet	[ˈliːflɪt]
brochura (f)	brochure	[brəʊˈʃʊr]
folheto (m)	pamphlet	[ˈpæmflɪt]
boletim (~ informativo)	newsletter	[ˈnjuːzˌletə(r)]

letreiro (m)	signboard	[ˈsaɪnbɔːd]
cartaz, póster (m)	poster	[ˈpəʊstə(r)]
painel (m) publicitário	billboard	[ˈbɪlbɔːd]

78. Banca

| banco (m) | bank | [bæŋk] |
| sucursal, balcão (f) | branch | [brɑːntʃ] |

| consultor (m) | clerk, consultant | [klɜːk], [kənˈsʌltənt] |
| gerente (m) | manager | [ˈmænɪdʒə(r)] |

conta (f)	bank account	[bæŋk əˈkaʊnt]
número (m) da conta	account number	[əˈkaʊnt ˈnʌmbə(r)]
conta (f) corrente	checking account	[ˈtʃekɪŋ əˈkaʊnt]
conta (f) poupança	savings account	[ˈseɪvɪŋz əˈkaʊnt]

| abrir uma conta | to open an account | [tu ˈəʊpən ən əˈkaʊnt] |
| fechar uma conta | to close the account | [tə kləʊz ði əˈkaʊnt] |

depósito (m)	deposit	[dɪˈpɒzɪt]
fazer um depósito	to make a deposit	[tə meɪk ə dɪˈpɒzɪt]
transferência (f) bancária	wire transfer	[ˈwaɪə ˈtrænsfɜː(r)]
transferir (vt)	to wire, to transfer	[tə ˈwaɪə], [tə trænsˈfɜː]

| soma (f) | sum | [sʌm] |
| Quanto? | How much? | [ˌhaʊ ˈmʌtʃ] |

assinatura (f)	signature	[ˈsɪɡnətʃə(r)]
assinar (vt)	to sign (vt)	[tə saɪn]
cartão (m) de crédito	credit card	[ˈkredɪt kɑːd]
código (m)	code	[kəʊd]

número (m) do cartão de crédito	credit card number	['kredıt kɑːd 'nʌmbə(r)]
Caixa Multibanco (m)	ATM	[ˌeıtiː'em]
cheque (m)	check	[tʃek]
passar um cheque	to write a check	[tə ˌraıt ə 'tʃek]
livro (m) de cheques	checkbook	['tʃekˌbʊk]
empréstimo (m)	loan	[ləʊn]
pedir um empréstimo	to apply for a loan	[tə ə'plaı fɔːrə ləʊn]
obter um empréstimo	to get a loan	[tə get ə ləʊn]
conceder um empréstimo	to give a loan	[tə gıv ə ləʊn]
garantia (f)	guarantee	[ˌgærən'tiː]

79. Telefone. Conversação telefónica

telefone (m)	telephone	['telıfəʊn]
telemóvel (m)	cell phone	['selfəʊn]
secretária (f) electrónica	answering machine	['ɑːnsərıŋ mə'ʃiːn]
fazer uma chamada	to call (vi, vt)	[tə kɔːl]
chamada (f)	phone call	[fəʊn kɔːl]
marcar um número	to dial a number	[tə 'daıəl ə 'nʌmbə(r)]
Alô!	Hello!	[hə'ləʊ]
perguntar (vt)	to ask (vt)	[tə ɑːsk]
responder (vt)	to answer (vi, vt)	[tə 'ɑːnsə(r)]
ouvir (vt)	to hear (vt)	[tə hıə(r)]
bem	well	[wel]
mal	not well	[nɒt wel]
ruído (m)	noises	[nɔızız]
auscultador (m)	receiver	[rı'siːvə(r)]
pegar o telefone	to pick up the phone	[tə pık ʌp ðə fəʊn]
desligar (vi)	to hang up	[tə hæŋ ʌp]
ocupado	busy	['bızı]
tocar (vi)	to ring (vi)	[tə rıŋ]
lista (f) telefónica	telephone book	['telıfəʊn bʊk]
local	local	['ləʊkəl]
chamada (f) local	local call	['ləʊkəl kɔːl]
de longa distância	long distance	[lɒŋ 'dıstəns]
chamada (f) de longa distância	long distance call	[lɒŋ 'dıstəns kɔːl]
internacional	international	[ˌıntə'næʃənəl]
chamada (f) internacional	international call	[ˌıntə'næʃənəl kɔːl]

80. Telefone móvel

telemóvel (m)	cell phone	['selfəʊn]
ecrã (m)	display	[dı'spleı]

| botão (m) | button | ['bʌtən] |
| cartão SIM (m) | SIM card | [sɪm kɑːd] |

bateria (f)	battery	['bætərɪ]
descarregar-se	to be dead	[tə bi ded]
carregador (m)	charger	['tʃɑːdʒə(r)]

menu (m)	menu	['menjuː]
definições (f pl)	settings	['setɪŋz]
melodia (f)	tune	[tjuːn]
escolher (vt)	to select (vt)	[tə sɪ'lekt]

calculadora (f)	calculator	['kælkjʊleɪtə(r)]
correio (m) de voz	voice mail	[vɔɪs meɪl]
despertador (m)	alarm clock	[ə'lɑːm klɒk]
contatos (m pl)	contacts	['kɒntækts]

| mensagem (f) de texto | SMS | [ˌesem'es] |
| assinante (m) | subscriber | [səb'skraɪbə(r)] |

81. Estacionário

| caneta (f) | ballpoint pen | ['bɔːlpɔɪnt pen] |
| caneta (f) tinteiro | fountain pen | ['faʊntɪn pen] |

lápis (m)	pencil	['pensəl]
marcador (m)	highlighter	['haɪlaɪtə(r)]
caneta (f) de feltro	felt-tip pen	[felt tɪp pen]

| bloco (m) de notas | notepad | ['nəʊtpæd] |
| agenda (f) | agenda | [ə'dʒendə] |

régua (f)	ruler	['ruːlə(r)]
calculadora (f)	calculator	['kælkjʊleɪtə(r)]
borracha (f)	eraser	[ɪ'reɪsə(r)]
pionés (m)	thumbtack	['θʌmtæk]
clipe (m)	paper clip	['peɪpə klɪp]

cola (f)	glue	[gluː]
agrafador (m)	stapler	['steɪplə(r)]
furador (m)	hole punch	[həʊl pʌntʃ]
afia-lápis (m)	pencil sharpener	['pensəl 'ʃɑːpənə(r)]

82. Tipos de negócios

| serviços (m pl) de contabilidade | accounting services | [ə'kaʊntɪŋ 'sɜːvɪsɪz] |

publicidade (f)	advertising	['ædvətaɪzɪŋ]
agência (f) de publicidade	advertising agency	['ædvətaɪzɪŋ 'eɪdʒənsɪ]
ar (m) condicionado	air-conditioners	[eə kən'dɪʃənəz]
companhia (f) aérea	airline	['eəlaɪn]
bebidas (f pl) alcoólicas	alcoholic beverages	[ˌælkə'hɒlɪk 'bevərɪdʒɪz]

comércio (m) de antiguidades	antiquities	[æn'tıkwətız]
galeria (f) de arte	art gallery	[ɑːt 'gælərı]
serviços (m pl) de auditoria	audit services	['ɔːdıt 'sɜːvısız]
negócios (m pl) bancários	banking industry	['bæŋkıŋ 'ındʌstrı]
bar (m)	pub, bar	[pʌb], [bɑː(r)]
salão (m) de beleza	beauty parlor	['bjuːtı 'pɑːlə(r)]
livraria (f)	bookstore	['bʊkstɔː(r)]
cervejaria (f)	brewery	['brʊərı]
centro (m) de escritórios	business center	['bıznıs 'sentə(r)]
escola (f) de negócios	business school	['bıznıs skuːl]
casino (m)	casino	[kə'siːnəʊ]
construção (f)	construction	[kən'strʌkʃən]
serviços (m pl) de consultoria	consulting	[kən'sʌltıŋ]
estomatologia (f)	dental clinic	['dentəl 'klınık]
design (m)	design	[dı'zaın]
farmácia (f)	drugstore, pharmacy	['drʌgstɔː(r)], ['fɑːməsı]
lavandaria (f)	dry cleaners	[ˌdraı 'kliːnəz]
agência (f) de emprego	employment agency	[ım'plɔımənt 'eıdʒənsı]
serviços (m pl) financeiros	financial services	[faı'nænʃəl 'sɜːvısız]
alimentos (m pl)	food products	[fuːd 'prɒdʌkts]
agência (f) funerária	funeral home	['fjuːnərəl həʊm]
mobiliário (m)	furniture	['fɜːnıtʃə(r)]
roupa (f)	clothing, garment	['kləʊðıŋ], ['gɑːmənt]
hotel (m)	hotel	[həʊ'tel]
gelado (m)	ice-cream	[aıs kriːm]
indústria (f)	industry	['ındʌstrı]
seguro (m)	insurance	[ın'ʃʊərəns]
internet (f)	Internet	['ıntənet]
investimento (m)	investments	[ın'vestmənts]
joalheiro (m)	jeweler	['dʒuːələ(r)]
joias (f pl)	jewelry	['dʒuːəlrı]
lavandaria (f)	laundry	['lɔːndrı]
serviços (m pl) jurídicos	legal advisor	['liːgəl əd'vaızə(r)]
indústria (f) ligeira	light industry	[laıt 'ındʌstrı]
revista (f)	magazine	[ˌmægə'ziːn]
vendas (f pl) por catálogo	mail order selling	[meıl 'ɔːdə 'selıŋ]
medicina (f)	medicine	['medsın]
cinema (m)	movie theater	['muːvı 'θıətə(r)]
museu (m)	museum	[mjuː'ziːəm]
agência (f) de notícias	news agency	[njuːz 'eıdʒənsı]
jornal (m)	newspaper	['njuːzˌpeıpə(r)]
clube (m) noturno	nightclub	[naıt klʌb]
petróleo (m)	oil, petroleum	[ɔıl], [pı'trəʊlıəm]
serviço (m) de encomendas	courier services	['kʊrıə(r) 'sɜːvısız]
indústria (f) farmacêutica	pharmaceutics	[ˌfɑːmə'sjuːtıks]
poligrafia (f)	printing	['prıntıŋ]
editora (f)	publishing house	['pʌblıʃıŋ ˌhaʊs]

T&P Books. Vocabulário Português-Inglês americano - 5000 palavras

rádio (m)	radio	['reɪdɪəʊ]
imobiliário (m)	real estate	[rɪəl ɪ'steɪt]
restaurante (m)	restaurant	['restrɒnt]

empresa (f) de segurança	security company	[sɪ'kjʊərətɪ 'kʌmpənɪ]
desporto (m)	sports	[spɔːts]
bolsa (f)	stock exchange	[stɒk ɪks'ʧeɪndʒ]
loja (f)	store	[stɔː(r)]
supermercado (m)	supermarket	['suːpəˌmɑːkɪt]
piscina (f)	swimming pool	['swɪmɪŋ puːl]

alfaiataria (f)	tailors	['teɪləz]
televisão (f)	television	['telɪˌvɪʒən]
teatro (m)	theater	['θɪətə(r)]
comércio (atividade)	trade	[treɪd]
serviços (m pl) de transporte	transportation	[ˌtrænspɔː'teɪʃən]
viagens (f pl)	travel	['trævəl]

veterinário (m)	veterinarian	[ˌvetərɪ'neərɪən]
armazém (m)	warehouse	['weəhaʊs]
recolha (f) do lixo	waste collection	[weɪst kə'lekʃən]

Emprego. Negócios. Parte 2

83. Espetáculo. Feira

feira (f)	exhibition, show	[ˌeksɪ'bɪʃən], [ʃəʊ]
feira (f) comercial	trade show	[treɪd ʃəʊ]
participação (f)	participation	[pɑːˌtɪsɪ'peɪʃən]
participar (vi)	to participate (vi)	[tə pɑː'tɪsɪpeɪt]
participante (m)	participant	[pɑː'tɪsɪpənt]
diretor (m)	director	[dɪ'rektə(r)]
organizador (m)	organizer	['ɔːgənaɪzə(r)]
organizar (vt)	to organize (vt)	[tə 'ɔːgənaɪz]
ficha (f) de inscrição	participation form	[pɑːˌtɪsɪ'peɪʃən fɔːm]
preencher (vt)	to fill out (vt)	[tə fɪl 'aʊt]
detalhes (m pl)	details	[dɪ'teɪlz]
informação (f)	information	[ˌɪnfə'meɪʃən]
preço (m)	price	[praɪs]
incluindo	including	[ɪn'kluːdɪŋ]
incluir (vt)	to include (vt)	[tu ɪn'kluːd]
pagar (vt)	to pay (vi, vt)	[tə peɪ]
taxa (f) de inscrição	registration fee	[ˌredʒɪ'streɪʃən fiː]
entrada (f)	entrance	['entrəns]
pavilhão (m)	pavilion, hall	[pə'vɪljən], [hɔːl]
inscrever (vt)	to register (vt)	[tə 'redʒɪstə(r)]
crachá (m)	badge	[bædʒ]
stand (m)	booth, stand	[buːθ], [stænd]
reservar (vt)	to reserve, to book	[tə rɪ'zɜːv], [tə bʊk]
vitrina (f)	display case	[dɪ'spleɪ keɪs]
foco, spot (m)	spotlight	['spɒtlaɪt]
design (m)	design	[dɪ'zaɪn]
pôr, colocar (vt)	to place (vt)	[tə pleɪs]
ser colocado, -a	to be placed	[tə bi pleɪst]
distribuidor (m)	distributor	[dɪ'strɪbjʊtə(r)]
fornecedor (m)	supplier	[sə'plaɪə(r)]
fornecer (vt)	to supply (vt)	[tə sə'plaɪ]
país (m)	country	['kʌntrɪ]
estrangeiro	foreign	['fɒrən]
produto (m)	product	['prɒdʌkt]
associação (f)	association	[əˌsəʊsɪ'eɪʃən]
sala (f) de conferências	conference hall	['kɒnfərəns hɔːl]
congresso (m)	congress	['kɒŋgres]

concurso (m)	contest	['kɒntest]
visitante (m)	visitor	['vɪzɪtə(r)]
visitar (vt)	to visit (vt)	[tə 'vɪzɪt]
cliente (m)	customer	['kʌstəmə(r)]

84. Ciência. Investigação. Cientistas

ciência (f)	science	['saɪəns]
científico	scientific	[ˌsaɪən'tɪfɪk]
cientista (m)	scientist	['saɪəntɪst]
teoria (f)	theory	['θɪərɪ]

axioma (m)	axiom	['æksɪəm]
análise (f)	analysis	[ə'næləsɪs]
analisar (vt)	to analyze (vt)	[tu 'ænəlaɪz]
argumento (m)	argument	['ɑːgjumənt]
substância (f)	substance	['sʌbstəns]

hipótese (f)	hypothesis	[haɪ'pɒθɪsɪs]
dilema (m)	dilemma	[dɪ'lemə]
tese (f)	dissertation	[ˌdɪsə'teɪʃən]
dogma (m)	dogma	['dɒgmə]

doutrina (f)	doctrine	['dɒktrɪn]
pesquisa (f)	research	[rɪ'sɜːtʃ]
pesquisar (vt)	to research (vt)	[tə rɪ'sɜːtʃ]
teste (m)	tests	[tests]
laboratório (m)	laboratory	['læbrəˌtɔːrɪ]

método (m)	method	['meθəd]
molécula (f)	molecule	['mɒlɪkjuːl]
monitoramento (m)	monitoring	['mɒnɪtərɪŋ]
descoberta (f)	discovery	[dɪ'skʌvərɪ]

postulado (m)	postulate	['pɒstjulət]
princípio (m)	principle	['prɪnsɪpəl]
prognóstico (previsão)	forecast	['fɔːkɑːst]
prognosticar (vt)	to forecast (vt)	[tə 'fɔːkɑːst]

síntese (f)	synthesis	['sɪnθəsɪs]
tendência (f)	trend	[trend]
teorema (m)	theorem	['θɪərəm]

ensinamentos (m pl)	teachings	['tiːtʃɪŋz]
facto (m)	fact	[fækt]
expedição (f)	expedition	[ˌekspɪ'dɪʃən]
experiência (f)	experiment	[ɪk'sperɪmənt]

académico (m)	academician	[əˌkædə'mɪʃən]
bacharel (m)	bachelor	['bætʃələ(r)]
doutor (m)	doctor, PhD	['dɒktə(r)], [ˌpiː'eɪtʃ'diː]
docente (m)	Associate Professor	[ə'səʊʃɪət prə'fesə(r)]
mestre (m)	master	['mɑːstə(r)]
professor (m) catedrático	professor	[prə'fesə(r)]

Profissões e ocupações

85. Procura de emprego. Demissão

trabalho (m)	job	[dʒɒb]
equipa (f)	staff	[stɑːf]
pessoal (m)	personnel	[ˌpɜːsəˈnel]
carreira (f)	career	[kəˈrɪə(r)]
perspetivas (f pl)	prospects	[ˈprɒspekts]
mestria (f)	skills, mastery	[skɪls], [ˈmɑːstərɪ]
seleção (f)	selection	[sɪˈlekʃən]
agência (f) de emprego	employment agency	[ɪmˈplɔɪmənt ˈeɪdʒənsɪ]
CV, currículo (m)	résumé	[ˈrezjuːmeɪ]
entrevista (f) de emprego	job interview	[ˈdʒɒb ˌɪntəvjuː]
vaga (f)	vacancy, opening	[ˈveɪkənsɪ], [ˈəʊpənɪŋ]
salário (m)	salary, pay	[ˈsælərɪ], [peɪ]
pagamento (m)	pay, compensation	[peɪ], [ˌkɒmpenˈseɪʃən]
posto (m)	position	[pəˈzɪʃən]
dever (do empregado)	duty	[ˈdjuːtɪ]
gama (f) de deveres	range of duties	[reɪndʒ əv ˈdjuːtɪz]
ocupado	busy	[ˈbɪzɪ]
despedir, demitir (vt)	to fire, to dismiss	[tə ˈfaɪə], [tə dɪsˈmɪs]
demissão (f)	dismissal	[dɪsˈmɪsəl]
desemprego (m)	unemployment	[ˌʌnɪmˈplɔɪmənt]
desempregado (m)	unemployed	[ˌʌnɪmˈplɔɪd]
reforma (f)	retirement	[rɪˈtaɪəmənt]
reformar-se	to retire (vi)	[tə rɪˈtaɪə(r)]

86. Gente de negócios

diretor (m)	director	[dɪˈrektə(r)]
gerente (m)	manager	[ˈmænɪdʒə(r)]
patrão, chefe (m)	boss	[bɒs]
superior (m)	superior	[suːˈpɪərɪə]
superiores (m pl)	superiors	[suːˈpɪərɪərz]
presidente (m)	president	[ˈprezɪdənt]
presidente (m) de direção	chairman	[ˈtʃeəmən]
substituto (m)	deputy	[ˈdepjʊtɪ]
assistente (m)	assistant	[əˈsɪstənt]
secretário (m)	secretary	[ˈsekrətərɪ]

secretário (m) pessoal	personal assistant	[ˈpɜːsənəl əˈsɪstənt]
homem (m) de negócios	businessman	[ˈbɪznɪsmæn]
empresário (m)	entrepreneur	[ˌɒntrəprəˈnɜː(r)]
fundador (m)	founder	[ˈfaʊndə(r)]
fundar (vt)	to found (vt)	[tə faʊnd]
fundador, sócio (m)	incorporator	[ɪnˈkɔːpəreɪtə]
parceiro, sócio (m)	partner	[ˈpɑːtnə(r)]
acionista (m)	stockholder	[ˈstɒkˌhəʊldə(r)]
milionário (m)	millionaire	[ˌmɪljəˈneə(r)]
bilionário (m)	billionaire	[ˌbɪljəˈneə(r)]
proprietário (m)	owner	[ˈəʊnə(r)]
proprietário (m) de terras	landowner	[ˈlændˌəʊnə(r)]
cliente (m)	client	[ˈklaɪənt]
cliente (m) habitual	regular client	[ˈregjʊlə ˈklaɪənt]
comprador (m)	buyer	[ˈbaɪə(r)]
visitante (m)	visitor	[ˈvɪzɪtə(r)]
profissional (m)	professional	[prəˈfeʃənəl]
perito (m)	expert	[ˈekspɜːt]
especialista (m)	specialist	[ˈspeʃəlɪst]
banqueiro (m)	banker	[ˈbæŋkə(r)]
corretor (m)	broker	[ˈbrəʊkə(r)]
caixa (m, f)	cashier, teller	[kæˈʃɪə], [ˈtelə]
contabilista (m)	accountant	[əˈkaʊntənt]
guarda (m)	security guard	[sɪˈkjʊərətɪ gɑːd]
investidor (m)	investor	[ɪnˈvestə(r)]
devedor (m)	debtor	[ˈdetə(r)]
credor (m)	creditor	[ˈkredɪtə(r)]
mutuário (m)	borrower	[ˈbɒrəʊə(r)]
importador (m)	importer	[ɪmˈpɔːtə(r)]
exportador (m)	exporter	[ekˈspɔːtə(r)]
produtor (m)	manufacturer	[ˌmænjʊˈfæktʃərə(r)]
distribuidor (m)	distributor	[dɪˈstrɪbjʊtə(r)]
intermediário (m)	middleman	[ˈmɪdəlmæn]
consultor (m)	consultant	[kənˈsʌltənt]
representante (m)	sales representative	[ˈseɪlz ˌreprɪˈzentətɪv]
agente (m)	agent	[ˈeɪdʒənt]
agente (m) de seguros	insurance agent	[ɪnˈʃʊərəns ˈeɪdʒənt]

87. Profissões de serviços

cozinheiro (m)	cook	[kʊk]
cozinheiro chefe (m)	chef	[ʃef]
barman (m)	bartender	[ˈbɑːrˌtendə(r)]
empregado (m) de mesa	waiter	[ˈweɪtə(r)]

empregada (f) de mesa	waitress	['weɪtrɪs]
advogado (m)	lawyer, attorney	['lɔːjə(r)], [ə'tɜːnɪ]
jurista (m)	lawyer	['lɔːjə(r)]
notário (m)	notary public	['nəʊtərɪ 'pʌblɪk]

eletricista (m)	electrician	[ˌɪlek'trɪʃən]
canalizador (m)	plumber	['plʌmə(r)]
carpinteiro (m)	carpenter	['kɑːpəntə(r)]

massagista (m)	masseur	[mæ'sʊər]
massagista (f)	masseuse	[mæ'suːz]
médico (m)	doctor	['dɒktə(r)]

taxista (m)	taxi driver	['tæksɪ 'draɪvə(r)]
condutor (automobilista)	driver	['draɪvə(r)]
entregador (m)	delivery man	[dɪ'lɪvərɪ mæn]

camareira (f)	chambermaid	['ʧeɪmbəˌmeɪd]
guarda (m)	security guard	[sɪ'kjʊərətɪ gɑːd]
hospedeira (f) de bordo	flight attendant	[ˌflaɪt ə'tendənt]

professor (m)	teacher	['tiːʧə(r)]
bibliotecário (m)	librarian	[laɪ'breərɪən]
tradutor (m)	translator	[træns'leɪtə(r)]
intérprete (m)	interpreter	[ɪn'tɜːprɪtə(r)]
guia (pessoa)	guide	[gaɪd]

cabeleireiro (m)	hairdresser	['heəˌdresə(r)]
carteiro (m)	mailman	['meɪlmən]
vendedor (m)	salesman	['seɪlzmən]

jardineiro (m)	gardener	['gɑːdnə(r)]
criado (m)	servant	['sɜːvənt]
criada (f)	maid	[meɪd]
empregada (f) de limpeza	cleaner	['kliːnə(r)]

88. Profissões militares e postos

soldado (m) raso	private	['praɪvɪt]
sargento (m)	sergeant	['sɑːdʒənt]
tenente (m)	lieutenant	[luː'tenənt]
capitão (m)	captain	['kæptɪn]

major (m)	major	['meɪdʒə(r)]
coronel (m)	colonel	['kɜːnəl]
general (m)	general	['dʒenərəl]
marechal (m)	marshal	['mɑːʃəl]
almirante (m)	admiral	['ædmərəl]

militar (m)	military	['mɪlɪtərɪ]
soldado (m)	soldier	['səʊldʒə(r)]
oficial (m)	officer	['ɒfɪsə(r)]
comandante (m)	commander	[kə'mɑːndə(r)]
guarda (m) fronteiriço	border guard	['bɔːdə gɑːd]

operador (m) de rádio	radio operator	['reɪdɪəʊ 'ɒpəreɪtə(r)]
explorador (m)	scout	[skaʊt]
sapador (m)	pioneer	[ˌpaɪə'nɪə(r)]
atirador (m)	marksman	['mɑːksmən]
navegador (m)	navigator	['nævɪgeɪtə(r)]

89. Oficiais. Padres

| rei (m) | king | [kɪŋ] |
| rainha (f) | queen | [kwiːn] |

| príncipe (m) | prince | [prɪns] |
| princesa (f) | princess | [prɪn'ses] |

| czar (m) | czar | [zɑː(r)] |
| czarina (f) | czarina | [zɑː'riːnə] |

presidente (m)	President	['prezɪdənt]
ministro (m)	Secretary	['sekrətərɪ]
primeiro-ministro (m)	Prime minister	[praɪm 'mɪnɪstə(r)]
senador (m)	Senator	['senətə(r)]

diplomata (m)	diplomat	['dɪpləmæt]
cônsul (m)	consul	['kɒnsəl]
embaixador (m)	ambassador	[æm'bæsədə(r)]
conselheiro (m)	counselor	['kaʊnsələ(r)]

funcionário (m)	official, functionary	[ə'fɪʃəl], ['fʌŋkʃənərɪ]
prefeito (m)	prefect	['priːfekt]
Presidente (m) da Câmara	mayor	[meə(r)]

| juiz (m) | judge | [dʒʌdʒ] |
| procurador (m) | district attorney | ['dɪstrɪkt ə'tɜːnɪ] |

missionário (m)	missionary	['mɪʃənrɪ]
monge (m)	monk	[mʌŋk]
abade (m)	abbot	['æbət]
rabino (m)	rabbi	['ræbaɪ]

vizir (m)	vizier	[vɪ'zɪə(r)]
xá (m)	shah	[ʃɑː]
xeque (m)	sheikh	[ʃeɪk]

90. Profissões agrícolas

apicultor (m)	beekeeper	['biːˌkiːpə(r)]
pastor (m)	herder	['hɜːdə(r)]
agrónomo (m)	agronomist	[ə'grɒnəmɪst]
criador (m) de gado	cattle breeder	['kætəl 'briːdə(r)]
veterinário (m)	veterinarian	[ˌvetərɪ'neərɪən]
agricultor (m)	farmer	['fɑːmə(r)]
vinicultor (m)	winemaker	['waɪn ˌmeɪkə(r)]

| zoólogo (m) | zoologist | [zəʊˈɒlədʒɪst] |
| cowboy (m) | cowboy | [ˈkaʊbɔɪ] |

91. Profissões artísticas

| ator (m) | actor | [ˈæktə(r)] |
| atriz (f) | actress | [ˈæktrɪs] |

| cantor (m) | singer | [ˈsɪŋə(r)] |
| cantora (f) | singer | [ˈsɪŋə(r)] |

| bailarino (m) | dancer | [ˈdɑːnsə(r)] |
| bailarina (f) | dancer | [ˈdɑːnsə(r)] |

músico (m)	musician	[mjuːˈzɪʃən]
pianista (m)	pianist	[ˈpɪənɪst]
guitarrista (m)	guitar player	[gɪˈtɑːr ˈpleɪə(r)]

maestro (m)	conductor	[kənˈdʌktə(r)]
compositor (m)	composer	[kəmˈpəʊzə(r)]
empresário (m)	impresario	[ˌɪmprɪˈsɑːrɪəʊ]

realizador (m)	film director	[fɪlm dɪˈrektə(r)]
produtor (m)	producer	[prəˈdjuːsə(r)]
argumentista (m)	scriptwriter	[ˈskrɪptˌraɪtə(r)]
crítico (m)	critic	[ˈkrɪtɪk]

escritor (m)	writer	[ˈraɪtə(r)]
poeta (m)	poet	[ˈpəʊɪt]
escultor (m)	sculptor	[ˈskʌlptə(r)]
pintor (m)	artist, painter	[ˈɑːtɪst], [ˈpeɪntə(r)]

malabarista (m)	juggler	[ˈdʒʌglə(r)]
palhaço (m)	clown	[klaʊn]
acrobata (m)	acrobat	[ˈækrəbæt]
mágico (m)	magician	[məˈdʒɪʃən]

92. Várias profissões

médico (m)	doctor	[ˈdɒktə(r)]
enfermeira (f)	nurse	[nɜːs]
psiquiatra (m)	psychiatrist	[saɪˈkaɪətrɪst]
estomatologista (m)	dentist	[ˈdentɪst]
cirurgião (m)	surgeon	[ˈsɜːdʒən]

astronauta (m)	astronaut	[ˈæstrənɔːt]
astrónomo (m)	astronomer	[əˈstrɒnəmə(r)]
piloto (m)	pilot	[ˈpaɪlət]

motorista (m)	driver	[ˈdraɪvə(r)]
maquinista (m)	engineer	[ˌendʒɪˈnɪə(r)]
mecânico (m)	mechanic	[mɪˈkænɪk]

mineiro (m)	miner	['maɪnə(r)]
operário (m)	worker	['wɜːkə(r)]
serralheiro (m)	locksmith	['lɒksmɪθ]
marceneiro (m)	joiner	['dʒɔɪnə(r)]
torneiro (m)	turner	['tɜːnə(r)]
construtor (m)	construction worker	[kən'strʌkʃən 'wɜːkə(r)]
soldador (m)	welder	[weldə(r)]
professor (m) catedrático	professor	[prə'fesə(r)]
arquiteto (m)	architect	['ɑːkɪtekt]
historiador (m)	historian	[hɪ'stɔːrɪən]
cientista (m)	scientist	['saɪəntɪst]
físico (m)	physicist	['fɪzɪsɪst]
químico (m)	chemist	['kemɪst]
arqueólogo (m)	archeologist	[ˌɑːkɪ'ɒlədʒɪst]
geólogo (m)	geologist	[dʒɪ'ɒlədʒɪst]
pesquisador (cientista)	researcher	[rɪ'sɜːtʃə(r)]
babysitter (f)	babysitter	['beɪbɪ 'sɪtə(r)]
professor (m)	teacher, educator	['tiːtʃə(r)], ['edʒʊkeɪtə(r)]
redator (m)	editor	['edɪtə(r)]
redator-chefe (m)	editor-in-chief	['edɪtər ɪn tʃiːf]
correspondente (m)	correspondent	[ˌkɒrɪ'spɒndənt]
datilógrafa (f)	typist	['taɪpɪst]
designer (m)	designer	[dɪ'zaɪnə(r)]
especialista (m) em informática	computer expert	[kəm'pjuːtər 'eksp3ːt]
programador (m)	programmer	['prəʊgræmə(r)]
engenheiro (m)	engineer	[ˌendʒɪ'nɪə(r)]
marujo (m)	sailor	['seɪlə(r)]
marinheiro (m)	seaman	['siːmən]
salvador (m)	rescuer	['reskjʊə(r)]
bombeiro (m)	fireman	['faɪəmən]
polícia (m)	police officer	[pə'liːs 'ɒfɪsə(r)]
guarda-noturno (m)	watchman	['wɒtʃmən]
detetive (m)	detective	[dɪ'tektɪv]
funcionário (m) da alfândega	customs officer	['kʌstəmz 'ɒfɪsə(r)]
guarda-costas (m)	bodyguard	['bɒdɪgɑːd]
guarda (m) prisional	prison guard	['prɪzən gɑːd]
inspetor (m)	inspector	[ɪn'spektə(r)]
desportista (m)	sportsman	['spɔːtsmən]
treinador (m)	trainer, coach	['treɪnə(r)], [kəʊtʃ]
talhante (m)	butcher	['bʊtʃə(r)]
sapateiro (m)	cobbler, shoe repairer	['kɒblə(r)], [ʃuː rɪ'peərə(r)]
comerciante (m)	merchant	['mɜːtʃənt]
carregador (m)	loader	['ləʊdə(r)]
estilista (m)	fashion designer	['fæʃən dɪ'zaɪnə(r)]
modelo (f)	model	['mɒdəl]

93. Ocupações. Estatuto social

aluno, escolar (m)	schoolboy	['skuːlbɔɪ]
estudante (~ universitária)	student	['stjuːdənt]
filósofo (m)	philosopher	[fɪ'lɒsəfə(r)]
economista (m)	economist	[ɪ'kɒnəmɪst]
inventor (m)	inventor	[ɪn'ventə(r)]
desempregado (m)	unemployed	[ˌʌnɪm'plɔɪd]
reformado (m)	retiree	[ˌrɪtaɪə'riː]
espião (m)	spy, secret agent	[spaɪ], ['siːkrɪt 'eɪdʒənt]
preso (m)	prisoner	['prɪzənə(r)]
grevista (m)	striker	['straɪkə(r)]
burocrata (m)	bureaucrat	['bjʊərəkræt]
viajante (m)	traveler	['trævələ(r)]
homossexual (m)	gay, homosexual	[geɪ], [ˌhɒmə'sekʃʊəl]
hacker (m)	hacker	['hækə(r)]
hippie	hippie	['hɪpɪ]
bandido (m)	bandit	['bændɪt]
assassino (m) a soldo	hit man, killer	[hɪt mæn], ['kɪlə(r)]
toxicodependente (m)	drug addict	['drʌgˌædɪkt]
traficante (m)	drug dealer	['drʌg ˌdiːlə(r)]
prostituta (f)	prostitute	['prɒstɪtjuːt]
chulo (m)	pimp	[pɪmp]
bruxo (m)	sorcerer	['sɔːsərə(r)]
bruxa (f)	sorceress	['sɔːsərɪs]
pirata (m)	pirate	['paɪrət]
escravo (m)	slave	[sleɪv]
samurai (m)	samurai	['sæmuraɪ]
selvagem (m)	savage	['sævɪdʒ]

Educação

94. Escola

escola (f)	school	[skuːl]
diretor (m) de escola	principal	['prɪnsɪpəl]
aluno (m)	pupil	['pjuːpəl]
aluna (f)	pupil	['pjuːpəl]
escolar (m)	schoolboy	['skuːlbɔɪ]
escolar (f)	schoolgirl	['skuːlgɜːl]
ensinar (vt)	to teach (vt)	[tə tiːtʃ]
aprender (vt)	to learn (vt)	[tə lɜːn]
aprender de cor	to learn by heart	[tə lɜːn baɪ hɑːt]
estudar (vi)	to learn (vt)	[tə lɜːn]
andar na escola	to be at school	[tə bi ət skuːl]
ir à escola	to go to school	[tə gəʊ tə skuːl]
alfabeto (m)	alphabet	['ælfəbet]
disciplina (f)	subject	['sʌbdʒɪkt]
sala (f) de aula	classroom	['klɑːsrʊm]
lição (f)	lesson	['lesən]
recreio (m)	recess	['riːses]
toque (m)	school bell	[skuːl bel]
carteira (f)	desk	[desk]
quadro (m) negro	chalkboard	['tʃɔːkbɔːd]
nota (f)	grade	[greɪd]
boa nota (f)	good grade	[gʊd greɪd]
nota (f) baixa	bad grade	[bæd greɪd]
dar uma nota	to give a grade	[tə gɪv ə greɪd]
erro (m)	mistake	[mɪ'steɪk]
fazer erros	to make mistakes	[tə meɪk mɪ'steɪks]
corrigir (vt)	to correct (vt)	[tə kə'rekt]
cábula (f)	cheat sheet	['tʃiːt ʃiːt]
dever (m) de casa	homework	['həʊmwɜːk]
exercício (m)	exercise	['eksəsaɪz]
estar presente	to be present	[tə bi 'prezənt]
estar ausente	to be absent	[tə bi 'æbsənt]
faltar às aulas	to miss school	[tə mɪs skuːl]
punir (vt)	to punish (vt)	[tə 'pʌnɪʃ]
punição (f)	punishment	['pʌnɪʃmənt]
comportamento (m)	conduct	['kɒndʌkt]

T&P Books. Vocabulário Português-Inglês americano - 5000 palavras

boletim (m) escolar	report card	[rɪˈpɔːt kɑːd]
lápis (m)	pencil	[ˈpensəl]
borracha (f)	eraser	[ɪˈreɪsə(r)]
giz (m)	chalk	[tʃɔːk]
estojo (m)	pencil case	[ˈpensəl keɪs]

pasta (f) escolar	schoolbag	[ˈskuːlbæg]
caneta (f)	pen	[pen]
caderno (m)	school notebook	[skuːl ˈnəʊtbʊk]
manual (m) escolar	textbook	[ˈtekstbʊk]
compasso (m)	drafting compass	[ˈdrɑːftɪŋ ˈkʌmpəs]

| traçar (vt) | to make technical drawings | [tə meɪk ˈteknɪkəl ˈdrɔːɪŋs] |
| desenho (m) técnico | technical drawing | [ˈteknɪkəl ˈdrɔːɪŋ] |

poesia (f)	poem	[ˈpəʊɪm]
de cor	by heart	[baɪ hɑːt]
aprender de cor	to learn by heart	[tə lɜːn baɪ hɑːt]

férias (f pl)	school vacation	[skuːl vəˈkeɪʃən]
estar de férias	to be on vacation	[tə bi ɒn vəˈkeɪʃən]
passar as férias	to spend one's vacation	[tə spend wʌns vəˈkeɪʃən]

teste (m)	test	[test]
composição, redação (f)	essay	[ˈeseɪ]
ditado (m)	dictation	[dɪkˈteɪʃən]
exame (m)	exam	[ɪgˈzæm]
fazer exame	to take an exam	[tə ˌteɪk ən ɪgˈzæm]
experiência (~ química)	experiment	[ɪkˈsperɪmənt]

95. Colégio. Universidade

academia (f)	academy	[əˈkædəmɪ]
universidade (f)	university	[ˌjuːnɪˈvɜːsətɪ]
faculdade (f)	faculty	[ˈfækəltɪ]

estudante (m)	student	[ˈstjuːdənt]
estudante (f)	student	[ˈstjuːdənt]
professor (m)	lecturer	[ˈlektʃərə(r)]

| sala (f) de palestras | lecture hall | [ˈlektʃə hɔːl] |
| graduado (m) | graduate | [ˈgrædʒʊət] |

| diploma (m) | diploma | [dɪˈpləʊmə] |
| tese (f) | dissertation | [ˌdɪsəˈteɪʃən] |

| estudo (obra) | study | [ˈstʌdɪ] |
| laboratório (m) | laboratory | [ˈlæbrəˌtɔːrɪ] |

| palestra (f) | lecture | [ˈlektʃə(r)] |
| colega (m) de curso | coursemate | [kɔːsmeɪt] |

| bolsa (f) de estudos | scholarship | [ˈskɒləʃɪp] |
| grau (m) académico | academic degree | [ˌækəˈdemɪk dɪˈgriː] |

96. Ciências. Disciplinas

matemática (f)	mathematics	[ˌmæθə'mætɪks]
álgebra (f)	algebra	['ældʒɪbrə]
geometria (f)	geometry	[dʒɪ'ɒmətrɪ]
astronomia (f)	astronomy	[ə'strɒnəmɪ]
biologia (f)	biology	[baɪ'ɒlədʒɪ]
geografia (f)	geography	[dʒɪ'ɒgrəfɪ]
geologia (f)	geology	[dʒɪ'ɒlədʒɪ]
história (f)	history	['hɪstərɪ]
medicina (f)	medicine	['medsɪn]
pedagogia (f)	pedagogy	['pedəgɒdʒɪ]
direito (m)	law	[lɔː]
física (f)	physics	['fɪzɪks]
química (f)	chemistry	['kemɪstrɪ]
filosofia (f)	philosophy	[fɪ'lɒsəfɪ]
psicologia (f)	psychology	[saɪ'kɒlədʒɪ]

97. Sistema de escrita. Ortografia

gramática (f)	grammar	['græmə(r)]
vocabulário (m)	vocabulary	[və'kæbjʊlərɪ]
fonética (f)	phonetics	[fə'netɪks]
substantivo (m)	noun	[naʊn]
adjetivo (m)	adjective	['ædʒɪktɪv]
verbo (m)	verb	[vɜːb]
advérbio (m)	adverb	['ædvɜːb]
pronome (m)	pronoun	['prəʊnaʊn]
interjeição (f)	interjection	[ˌɪntə'dʒekʃən]
preposição (f)	preposition	[ˌprepə'zɪʃən]
raiz (f) da palavra	root	[ruːt]
terminação (f)	ending	['endɪŋ]
prefixo (m)	prefix	['priːfɪks]
sílaba (f)	syllable	['sɪləbəl]
sufixo (m)	suffix	['sʌfɪks]
acento (m)	stress mark	['stres ˌmɑːk]
apóstrofo (m)	apostrophe	[ə'pɒstrəfɪ]
ponto (m)	period, dot	['pɪərɪəd], [dɒt]
vírgula (f)	comma	['kɒmə]
ponto e vírgula (m)	semicolon	[ˌsemɪ'kəʊlən]
dois pontos (m pl)	colon	['kəʊlən]
reticências (f pl)	ellipsis	[ɪ'lɪpsɪs]
ponto (m) de interrogação	question mark	['kwestʃən mɑːk]
ponto (m) de exclamação	exclamation point	[ˌeksklə'meɪʃən pɔɪnt]

aspas (f pl)	quotation marks	[kwəʊˈteɪʃən mɑːks]
entre aspas	in quotation marks	[ɪn kwəʊˈteɪʃən mɑːks]
parênteses (m pl)	parenthesis	[pəˈrenθɪsɪs]
entre parênteses	in parenthesis	[ɪn pəˈrenθɪsɪs]
hífen (m)	hyphen	[ˈhaɪfən]
travessão (m)	dash	[dæʃ]
espaço (m)	space	[speɪs]
letra (f)	letter	[ˈletə(r)]
letra (f) maiúscula	capital letter	[ˈkæpɪtəl ˈletə(r)]
vogal (f)	vowel	[ˈvaʊəl]
consoante (f)	consonant	[ˈkɒnsənənt]
frase (f)	sentence	[ˈsentəns]
sujeito (m)	subject	[ˈsʌbdʒɪkt]
predicado (m)	predicate	[ˈpredɪkət]
linha (f)	line	[laɪn]
em uma nova linha	on a new line	[ɒn ə njuː laɪn]
parágrafo (m)	paragraph	[ˈpærəgrɑːf]
palavra (f)	word	[wɜːd]
grupo (m) de palavras	group of words	[gruːp əf wɜːdz]
expressão (f)	expression	[ɪkˈspreʃən]
sinónimo (m)	synonym	[ˈsɪnənɪm]
antónimo (m)	antonym	[ˈæntənɪm]
regra (f)	rule	[ruːl]
exceção (f)	exception	[ɪkˈsepʃən]
correto	correct	[kəˈrekt]
conjugação (f)	conjugation	[ˌkɒndʒuˈgeɪʃən]
caso (m)	nominal case	[ˈnɒmɪnəl keɪs]
pergunta (f)	question	[ˈkwestʃən]
sublinhar (vt)	to underline (vt)	[tə ˌʌndəˈlaɪn]
linha (f) pontilhada	dotted line	[ˈdɒtɪd laɪn]

98. Línguas estrangeiras

língua (f)	language	[ˈlæŋgwɪdʒ]
estrangeiro	foreign	[ˈfɒrən]
estudar (vt)	to study (vt)	[tə ˈstʌdɪ]
aprender (vt)	to learn (vt)	[tə lɜːn]
ler (vt)	to read (vi, vt)	[tə riːd]
falar (vi)	to speak (vi, vt)	[tə spiːk]
compreender (vt)	to understand (vt)	[tə ˌʌndəˈstænd]
escrever (vt)	to write (vt)	[tə raɪt]
rapidamente	quickly, fast	[ˈkwɪklɪ], [fɑːst]
devagar	slowly	[ˈsləʊlɪ]
fluentemente	fluently	[ˈfluːəntlɪ]

regras (f pl)	rules	[ruːlz]
gramática (f)	grammar	['græmə(r)]
vocabulário (m)	vocabulary	[və'kæbjʊləri]
fonética (f)	phonetics	[fə'netıks]
manual (m) escolar	textbook	['tekstbʊk]
dicionário (m)	dictionary	['dıkʃənəri]
manual (m) de autoaprendizagem	teach-yourself book	[tiːtʃ jɔː'self bʊk]
guia (m) de conversação	phrasebook	['freɪzbʊk]
cassete (f)	cassette, tape	[kæ'set], [teıp]
vídeo cassete (m)	videotape	['vıdıəʊteıp]
CD (m)	CD, compact disc	[ˌsiː'diː], [kəm'pækt dısk]
DVD (m)	DVD	[ˌdiːviː'diː]
alfabeto (m)	alphabet	['ælfəbet]
soletrar (vt)	to spell (vt)	[tə spel]
pronúncia (f)	pronunciation	[prəˌnʌnsı'eıʃən]
sotaque (m)	accent	['æksent]
com sotaque	with an accent	[wıð ən 'æksent]
sem sotaque	without an accent	[wɪ'ðaʊt ən 'æksent]
palavra (f)	word	[wɜːd]
sentido (m)	meaning	['miːnıŋ]
cursos (m pl)	course	[kɔːs]
inscrever-se (vr)	to sign up (vi)	[tə saın ʌp]
professor (m)	teacher	['tiːtʃə(r)]
tradução (texto)	translation	[træns'leıʃən]
tradutor (m)	translator	[træns'leıtə(r)]
intérprete (m)	interpreter	[ın'tɜːprıtə(r)]
poliglota (m)	polyglot	['pɒlıglɒt]
memória (f)	memory	['memərı]

Descanso. Entretenimento. Viagens

99. Viagens

turismo (m)	tourism, travel	['tʊərɪzəm], ['trævəl]
turista (m)	tourist	['tʊərɪst]
viagem (f)	trip	[trɪp]
aventura (f)	adventure	[əd'ventʃə(r)]
viagem (f)	trip, journey	[trɪp], ['dʒɜːnɪ]
férias (f pl)	vacation	[və'keɪʃən]
estar de férias	to be on vacation	[tə bi ɒn və'keɪʃən]
descanso (m)	rest	[rest]
comboio (m)	train	[treɪn]
de comboio (chegar ~)	by train	[baɪ treɪn]
avião (m)	airplane	['eəpleɪn]
de avião	by airplane	[baɪ 'eəpleɪn]
de carro	by car	[baɪ kɑː(r)]
de navio	by ship	[baɪ ʃɪp]
bagagem (f)	luggage	['lʌgɪdʒ]
mala (f)	suitcase	['suːtkeɪs]
carrinho (m)	luggage cart	['lʌgɪdʒ kɑːt]
passaporte (m)	passport	['pɑːspɔːt]
visto (m)	visa	['viːzə]
bilhete (m)	ticket	['tɪkɪt]
bilhete (m) de avião	air ticket	['eə 'tɪkɪt]
guia (m) de viagem	guidebook	['gaɪdbʊk]
mapa (m)	map	[mæp]
local (m), area (f)	area	['eərɪə]
lugar, sítio (m)	place, site	[pleɪs], [saɪt]
exotismo (m)	exotica	[ɪg'zɒtɪkə]
exótico	exotic	[ɪg'zɒtɪk]
surpreendente	amazing	[ə'meɪzɪŋ]
grupo (m)	group	[gruːp]
excursão (f)	excursion	[ɪk'skɜːʃən]
guia (m)	guide	[gaɪd]

100. Hotel

hotel (m)	hotel	[həʊ'tel]
motel (m)	motel	[məʊ'tel]
três estrelas	three-star	[θriː stɑː(r)]
cinco estrelas	five-star	[ˌfaɪv 'stɑː(r)]

ficar (~ num hotel)	to stay (vi)	[tə steɪ]
quarto (m)	room	[ruːm]
quarto (m) individual	single room	[ˈsɪŋɡəl ruːm]
quarto (m) duplo	double room	[ˈdʌbəl ruːm]
reservar um quarto	to book a room	[tə bʊk ə ruːm]
meia pensão (f)	half board	[hɑːf bɔːd]
pensão (f) completa	full board	[fʊl bɔːd]
com banheira	with bath	[wɪð bɑːθ]
com duche	with shower	[wɪð ˈʃaʊə(r)]
televisão (m) satélite	satellite television	[ˈsætəlaɪt ˈtelɪˌvɪʒən]
ar (m) condicionado	air-conditioner	[eə kənˈdɪʃənə]
toalha (f)	towel	[ˈtaʊəl]
chave (f)	key	[kiː]
administrador (m)	administrator	[ədˈmɪnɪstreɪtə(r)]
camareira (f)	chambermaid	[ˈtʃeɪmbəˌmeɪd]
bagageiro (m)	porter, bellboy	[ˈpɔːtə(r)], [ˈbelbɔɪ]
porteiro (m)	doorman	[ˈdɔːmən]
restaurante (m)	restaurant	[ˈrestrɒnt]
bar (m)	pub, bar	[pʌb], [bɑː(r)]
pequeno-almoço (m)	breakfast	[ˈbrekfəst]
jantar (m)	dinner	[ˈdɪnə(r)]
buffet (m)	buffet	[bəˈfeɪ]
elevador (m)	elevator	[ˈelɪveɪtə(r)]
NÃO PERTURBE	DO NOT DISTURB	[du nɒt dɪˈstɜːb]
PROIBIDO FUMAR!	NO SMOKING	[nəʊ ˈsməʊkɪŋ]

EQUIPAMENTO TÉCNICO. TRANSPORTES

Equipamento técnico. Transportes

101. Computador

computador (m)	computer	[kəm'pju:tə(r)]
portátil (m)	notebook, laptop	['nəʊtbʊk], ['læptɒp]
ligar (vt)	to switch on (vt)	[tə swɪtʃ ɒn]
desligar (vt)	to turn off (vt)	[tə tɜ:n ɒf]
teclado (m)	keyboard	['ki:bɔ:d]
tecla (f)	key	[ki:]
rato (m)	mouse	[maʊs]
tapete (m) de rato	mouse pad	[maʊs pæd]
botão (m)	button	['bʌtən]
cursor (m)	cursor	['kɜ:sə(r)]
monitor (m)	monitor	['mɒnɪtə(r)]
ecrã (m)	screen	[skri:n]
disco (m) rígido	hard disk	[hɑ:d dɪsk]
capacidade (f) do disco rígido	hard disk capacity	[hɑ:d dɪsk kə'pæsɪtɪ]
memória (f)	memory	['memərɪ]
memória RAM (f)	random access memory	['rændəm 'æksɛs 'memərɪ]
ficheiro (m)	file	[faɪl]
pasta (f)	folder	['fəʊldə(r)]
abrir (vt)	to open (vt)	[tə 'əʊpən]
fechar (vt)	to close (vt)	[tə kləʊz]
guardar (vt)	to save (vt)	[tə seɪv]
apagar, eliminar (vt)	to delete (vt)	[tə dɪ'li:t]
copiar (vt)	to copy (vt)	[tə 'kɒpɪ]
ordenar (vt)	to sort (vt)	[tə sɔ:t]
programa (m)	program	['prəʊgræm]
software (m)	software	['sɒftweə(r)]
programador (m)	programmer	['prəʊgræmə(r)]
programar (vt)	to program (vt)	[tə 'prəʊgræm]
hacker (m)	hacker	['hækə(r)]
senha (f)	password	['pɑ:swɜ:d]
vírus (m)	virus	['vaɪrəs]
detetar (vt)	to find, to detect	[tə faɪnd], [tə dɪ'tekt]
byte (m)	byte	[baɪt]
megabyte (m)	megabyte	['megəbaɪt]

dados (m pl)	data	['deɪtə]
base (f) de dados	database	['deɪtəbeɪs]
cabo (m)	cable	['keɪbəl]
desconectar (vt)	to disconnect (vt)	[tə ˌdɪskə'nekt]
conetar (vt)	to connect (vt)	[tə kə'nekt]

102. Internet. E-mail

internet (f)	Internet	['ɪntənet]
browser (m)	browser	['braʊzə(r)]
motor (m) de busca	search engine	[sɜːʧ 'endʒɪn]
provedor (m)	provider	[prə'vaɪdə(r)]
webmaster (m)	webmaster	[web peɪdʒ]
website, sítio web (m)	website	['websaɪt]
página (f) web	webpage	[web peɪdʒ]
endereço (m)	address	[ə'dres]
livro (m) de endereços	address book	[ə'dres bʊk]
caixa (f) de correio	mailbox	['meɪlbɒks]
correio (m)	mail	[meɪl]
cheia (caixa de correio)	full	[fʊl]
mensagem (f)	message	['mesɪdʒ]
mensagens (f pl) recebidas	incoming messages	['ɪnˌkʌmɪŋ 'mesɪdʒɪz]
mensagens (f pl) enviadas	outgoing messages	['aʊtˌgəʊɪŋ 'mesɪdʒɪz]
remetente (m)	sender	['sendə(r)]
enviar (vt)	to send (vt)	[tə send]
envio (m)	sending	['sendɪŋ]
destinatário (m)	receiver	[rɪ'siːvə(r)]
receber (vt)	to receive (vt)	[tə rɪ'siːv]
correspondência (f)	correspondence	[ˌkɒrɪ'spɒndəns]
corresponder-se (vr)	to correspond (vi)	[tə ˌkɒrɪ'spɒnd]
ficheiro (m)	file	[faɪl]
fazer download, baixar	to download (vt)	[tə 'daʊnləʊd]
criar (vt)	to create (vt)	[tə kriː'eɪt]
apagar, eliminar (vt)	to delete (vt)	[tə dɪ'liːt]
eliminado	deleted	[dɪ'liːtɪd]
conexão (f)	connection	[kə'nekʃən]
velocidade (f)	speed	[spiːd]
modem (m)	modem	['məʊdem]
acesso (m)	access	['ækses]
porta (f)	port	[pɔːt]
conexão (f)	connection	[kə'nekʃən]
conetar (vi)	to connect to …	[tə kə'nekt tə]
escolher (vt)	to select (vt)	[tə sɪ'lekt]
buscar (vt)	to search for …	[tə sɜːʧ fɔː(r)]

103. Eletricidade

eletricidade (f)	electricity	[ˌɪlek'trɪsəti]
elétrico	electric, electrical	[ɪ'lektrɪk], [ɪ'lektrɪkəl]
central (f) elétrica	electric power plant	[ɪ'lektrɪk 'pauə plɑ:nt]
energia (f)	energy	['enədʒɪ]
energia (f) elétrica	electric power	[ɪ'lektrɪk 'pauə]
lâmpada (f)	light bulb	['laɪt ˌbʌlb]
lanterna (f)	flashlight	['flæʃlaɪt]
poste (m) de iluminação	street light	['stri:t laɪt]
luz (f)	light	[laɪt]
ligar (vt)	to turn on (vt)	[tə tɜ:n ɒn]
desligar (vt)	to turn off (vt)	[tə tɜ:n ɒf]
apagar a luz	to turn off the light	[tə tɜ:n ɒf ðə laɪt]
fundir (vi)	to burn out (vi)	[tə bɜ:n aʊt]
curto-circuito (m)	short circuit	[ʃɔ:t 'sɜ:kɪt]
rutura (f)	broken wire	['brəukən 'waɪə]
contacto (m)	contact	['kɒntækt]
interruptor (m)	switch	[swɪtʃ]
tomada (f)	wall socket	[wɔ:l 'sɒkɪt]
ficha (f)	plug	[plʌg]
extensão (f)	extension cord	[ɪk'stenʃən ˌkɔ:d]
fusível (m)	fuze, fuse	[fju:z]
fio, cabo (m)	cable, wire	['keɪbəl], ['waɪə]
instalação (f) elétrica	wiring	['waɪərɪŋ]
ampere (m)	ampere	['æmpeə(r)]
amperagem (f)	amperage	['æmpərɪdʒ]
volt (m)	volt	[vəult]
voltagem (f)	voltage	['vəultɪdʒ]
aparelho (m) elétrico	electrical device	[ɪ'lektrɪkəl dɪ'vaɪs]
indicador (m)	indicator	['ɪndɪkeɪtə(r)]
eletricista (m)	electrician	[ˌɪlek'trɪʃən]
soldar (vt)	to solder (vt)	[tə 'səuldə]
ferro (m) de soldar	soldering iron	['səuldərɪŋ 'aɪrən]
corrente (f) elétrica	current	['kʌrənt]

104. Ferramentas

ferramenta (f)	tool, instrument	[tu:l], ['ɪnstrʊmənt]
ferramentas (f pl)	tools	[tu:lz]
equipamento (m)	equipment	[ɪ'kwɪpmənt]
martelo (m)	hammer	['hæmə(r)]
chave (f) de fendas	screwdriver	['skru:ˌdraɪvə(r)]
machado (m)	ax	[æks]

serra (f)	saw	[sɔː]
serrar (vt)	to saw (vt)	[tə sɔː]
plaina (f)	plane	[pleɪn]
aplainar (vt)	to plane (vt)	[tə pleɪn]
ferro (m) de soldar	soldering iron	[ˈsəʊldərɪŋ ˈaɪrən]
soldar (vt)	to solder (vt)	[tə ˈsəʊldə]
lima (f)	file	[faɪl]
tenaz (f)	carpenter pincers	[ˈkɑːpəntə ˈpɪnsəz]
alicate (m)	lineman's pliers	[ˈlaɪnməns ˈplaɪəz]
formão (m)	chisel	[ˈtʃɪzəl]
broca (f)	drill bit	[drɪl bɪt]
berbequim (f)	electric drill	[ɪˈlektrɪk drɪl]
furar (vt)	to drill (vi, vt)	[tə drɪl]
faca (f)	knife	[naɪf]
lâmina (f)	blade	[bleɪd]
afiado	sharp	[ʃɑːp]
cego	dull, blunt	[dʌl], [blʌnt]
embotar-se (vr)	to get blunt	[tə get blʌnt]
afiar, amolar (vt)	to sharpen (vt)	[tə ˈʃɑːpən]
parafuso (m)	bolt	[bəʊlt]
porca (f)	nut	[nʌt]
rosca (f)	thread	[θred]
parafuso (m) para madeira	wood screw	[wʊd skruː]
prego (m)	nail	[neɪl]
cabeça (f) do prego	nailhead	[ˈneɪlhed]
régua (f)	ruler	[ˈruːlə(r)]
fita (f) métrica	tape measure	[teɪp ˈmeʒə(r)]
nível (m)	spirit level	[ˈspɪrɪt ˈlevəl]
lupa (f)	magnifying glass	[ˈmægnɪfaɪɪŋ glɑːs]
medidor (m)	measuring instrument	[ˈmeʒərɪŋ ˈɪnstrʊmənt]
medir (vt)	to measure (vt)	[tə ˈmeʒə(r)]
escala (f)	scale	[skeɪl]
indicação (f), registo (m)	readings	[ˈriːdɪŋz]
compressor (m)	compressor	[kəmˈpresə]
microscópio (m)	microscope	[ˈmaɪkrəskəʊp]
bomba (f)	pump	[pʌmp]
robô (m)	robot	[ˈrəʊbɒt]
laser (m)	laser	[ˈleɪzə(r)]
chave (f) de boca	wrench	[rentʃ]
fita (f) adesiva	adhesive tape	[ədˈhiːsɪv teɪp]
cola (f)	glue	[gluː]
lixa (f)	sandpaper	[ˈsændˌpeɪpə(r)]
mola (f)	spring	[sprɪŋ]
íman (m)	magnet	[ˈmægnɪt]

luvas (f pl)	gloves	[glʌvz]
corda (f)	rope	[ˈrəʊp]
cordel (m)	cord	[kɔːd]
fio (m)	wire	[ˈwaɪə(r)]
cabo (m)	cable	[ˈkeɪbəl]
marreta (f)	sledgehammer	[ˈsledʒˌhæmə(r)]
pé de cabra (m)	prybar	[praɪbɑː(r)]
escada (f) de mão	ladder	[ˈlædə]
escadote (m)	stepladder	[ˈstepˌlædə(r)]
enroscar (vt)	to screw (vt)	[tə skruː]
desenroscar (vt)	to unscrew (vt)	[tə ˌʌnˈskruː]
apertar (vt)	to tighten (vt)	[tə ˈtaɪtən]
colar (vt)	to glue, to stick	[tə gluː], [tə stɪk]
cortar (vt)	to cut (vt)	[tə kʌt]
falha (mau funcionamento)	malfunction	[ˌmælˈfʌŋkʃən]
conserto (m)	repair	[rɪˈpeə(r)]
consertar, reparar (vt)	to repair (vt)	[tə rɪˈpeə(r)]
regular, ajustar (vt)	to adjust (vt)	[tə əˈdʒʌst]
verificar (vt)	to check (vt)	[tə tʃek]
verificação (f)	checking	[ˈtʃekɪŋ]
indicação (f), registo (m)	readings	[ˈriːdɪŋz]
seguro	reliable	[rɪˈlaɪəbəl]
complicado	complex	[ˈkɒmpleks]
enferrujar (vi)	to rust (vi)	[tə rʌst]
enferrujado	rusty, rusted	[ˈrʌstɪ], [ˈrʌstɪd]
ferrugem (f)	rust	[rʌst]

Transportes

105. Avião

avião (m)	airplane	[ˈeəpleɪn]
bilhete (m) de avião	air ticket	[ˈeə ˈtɪkɪt]
companhia (f) aérea	airline	[ˈeəlaɪn]
aeroporto (m)	airport	[ˈeəpɔːt]
supersónico	supersonic	[ˌsuːpəˈsɒnɪk]
comandante (m) do avião	captain	[ˈkæptɪn]
tripulação (f)	crew	[kruː]
piloto (m)	pilot	[ˈpaɪlət]
hospedeira (f) de bordo	flight attendant	[ˌflaɪt əˈtendənt]
copiloto (m)	navigator	[ˈnævɪgeɪtə(r)]
asas (f pl)	wings	[wɪŋz]
cauda (f)	tail	[teɪl]
cabine (f) de pilotagem	cockpit	[ˈkɒkpɪt]
motor (m)	engine	[ˈendʒɪn]
trem (m) de aterragem	landing gear	[ˈlændɪŋ gɪə(r)]
turbina (f)	turbine	[ˈtɜːbaɪn]
hélice (f)	propeller	[prəˈpelə(r)]
caixa-preta (f)	black box	[blæk bɒks]
coluna (f) de controlo	yoke, control column	[jəʊk], [kənˈtrəʊl ˈkɒləm]
combustível (m)	fuel	[fjʊəl]
instruções (f pl) de segurança	safety card	[ˈseɪftɪ kɑːd]
máscara (f) de oxigénio	oxygen mask	[ˈɒksɪdʒən mɑːsk]
uniforme (m)	uniform	[ˈjuːnɪfɔːm]
colete (m) salva-vidas	life vest	[ˈlaɪf vest]
paraquedas (m)	parachute	[ˈpærəʃuːt]
descolagem (f)	takeoff	[ˈteɪkɒf]
descolar (vi)	to take off (vi)	[tə teɪk ɒf]
pista (f) de descolagem	runway	[ˈrʌnˌweɪ]
visibilidade (f)	visibility	[ˌvɪzɪˈbɪlɪtɪ]
voo (m)	flight	[flaɪt]
altura (f)	altitude	[ˈæltɪtjuːd]
poço (m) de ar	air pocket	[eə ˈpɒkɪt]
assento (m)	seat	[siːt]
auscultadores (m pl)	headphones	[ˈhedfəʊnz]
mesa (f) rebatível	folding tray	[ˈfəʊldɪŋ treɪ]
vigia (f)	window	[ˈwɪndəʊ]
passagem (f)	aisle	[aɪl]

106. Comboio

comboio (m)	train	[treɪn]
comboio (m) suburbano	commuter train	[kə'mju:tə(r) treɪn]
comboio (m) rápido	express train	[ɪk'spres treɪn]
locomotiva (f) diesel	diesel locomotive	['di:zəl ˌləʊkə'məʊtɪv]
locomotiva (f) a vapor	steam locomotive	[sti:m ˌləʊkə'məʊtɪv]
carruagem (f)	passenger car	['pæsɪndʒə kɑ:(r)]
carruagem restaurante (f)	dining car	['daɪnɪŋ kɑ:]
carris (m pl)	rails	[reɪlz]
caminho de ferro (m)	railroad	['reɪlrəʊd]
travessa (f)	railway tie	['reɪlweɪ taɪ]
plataforma (f)	platform	['plætfɔ:m]
linha (f)	track	[træk]
semáforo (m)	semaphore	['seməfɔ:(r)]
estação (f)	station	['steɪʃən]
maquinista (m)	engineer	[ˌendʒɪ'nɪə(r)]
bagageiro (m)	porter	['pɔ:tə(r)]
hospedeiro, -a (da carruagem)	car attendant	[kɑ:(r) ə'tendənt]
passageiro (m)	passenger	['pæsɪndʒə(r)]
revisor (m)	conductor	[kən'dʌktə(r)]
corredor (m)	corridor	['kɒrɪˌdɔ:(r)]
freio (m) de emergência	emergency brake	[ɪ'mɜ:dʒənsɪ breɪk]
compartimento (m)	compartment	[kəm'pɑ:tmənt]
cama (f)	berth	[bɜ:θ]
cama (f) de cima	upper berth	['ʌpə bɜ:θ]
cama (f) de baixo	lower berth	['ləʊə 'bɜ:θ]
roupa (f) de cama	bed linen, bedding	[bed 'lɪnɪn], ['bedɪŋ]
bilhete (m)	ticket	['tɪkɪt]
horário (m)	schedule	['skedʒʊl]
painel (m) de informação	information display	[ˌɪnfə'meɪʃən dɪ'spleɪ]
partir (vt)	to leave, to depart	[tə li:v], [tə dɪ'pɑ:t]
partida (f)	departure	[dɪ'pɑ:tʃə(r)]
chegar (vi)	to arrive (vi)	[tə ə'raɪv]
chegada (f)	arrival	[ə'raɪvəl]
chegar de comboio	to arrive by train	[tə ə'raɪv baɪ treɪn]
apanhar o comboio	to get on the train	[tə ˌget ɒn ðə 'treɪn]
sair do comboio	to get off the train	[tə ˌget əv ðə 'treɪn]
acidente (m) ferroviário	train wreck	[treɪn rek]
descarrilar (vi)	to derail (vi)	[tə dɪ'reɪl]
locomotiva (f) a vapor	steam locomotive	[sti:m ˌləʊkə'məʊtɪv]
fogueiro (m)	stoker, fireman	['stəʊkə], ['faɪəmən]
fornalha (f)	firebox	['faɪəbɒks]
carvão (m)	coal	[kəʊl]

107. Barco

navio (m)	ship	[ʃɪp]
embarcação (f)	vessel	[ˈvesəl]
vapor (m)	steamship	[ˈstiːmʃɪp]
navio (m)	riverboat	[ˈrɪvəˌbəʊt]
transatlântico (m)	cruise ship	[kruːz ʃɪp]
cruzador (m)	cruiser	[ˈkruːzə(r)]
iate (m)	yacht	[jɒt]
rebocador (m)	tugboat	[ˈtʌgbəʊt]
barcaça (f)	barge	[bɑːdʒ]
ferry (m)	ferry	[ˈferɪ]
veleiro (m)	sailing ship	[ˈseɪlɪŋ ʃɪp]
bergantim (m)	brigantine	[ˈbrɪgəntiːn]
quebra-gelo (m)	ice breaker	[ˈaɪsˌbreɪkə(r)]
submarino (m)	submarine	[ˌsʌbməˈriːn]
bote, barco (m)	boat	[bəʊt]
bote, dingue (m)	dinghy	[ˈdɪŋgɪ]
bote (m) salva-vidas	lifeboat	[ˈlaɪfbəʊt]
lancha (f)	motorboat	[ˈməʊtəbəʊt]
capitão (m)	captain	[ˈkæptɪn]
marinheiro (m)	seaman	[ˈsiːmən]
marujo (m)	sailor	[ˈseɪlə(r)]
tripulação (f)	crew	[kruː]
contramestre (m)	boatswain	[ˈbəʊsən]
grumete (m)	ship's boy	[ʃɪps bɔɪ]
cozinheiro (m) de bordo	cook	[kʊk]
médico (m) de bordo	ship's doctor	[ʃɪps ˈdɒktə(r)]
convés (m)	deck	[dek]
mastro (m)	mast	[mɑːst]
vela (f)	sail	[seɪl]
porão (m)	hold	[həʊld]
proa (f)	bow	[baʊ]
popa (f)	stern	[stɜːn]
remo (m)	oar	[ɔː(r)]
hélice (f)	propeller	[prəˈpelə(r)]
camarote (m)	cabin	[ˈkæbɪn]
sala (f) dos oficiais	wardroom	[ˈwɔːdrʊm]
sala (f) das máquinas	engine room	[ˈendʒɪn ˌruːm]
ponte (m) de comando	bridge	[brɪdʒ]
sala (f) de comunicações	radio room	[ˈreɪdɪəʊ rʊm]
onda (f) de rádio	wave	[weɪv]
diário (m) de bordo	logbook	[ˈlɒgbʊk]
luneta (f)	spyglass	[ˈspaɪglɑːs]
sino (m)	bell	[bel]

bandeira (f)	flag	[flæg]
cabo (m)	hawser	['hɔːzə(r)]
nó (m)	knot	[nɒt]

corrimão (m)	deckrails	['dekreɪlz]
prancha (f) de embarque	gangway	['gæŋweɪ]

âncora (f)	anchor	['æŋkə(r)]
recolher a âncora	to weigh anchor	[tə weɪ 'æŋkə(r)]
lançar a âncora	to drop anchor	[tə drɒp 'æŋkə(r)]
amarra (f)	anchor chain	['æŋkə ˌtʃeɪn]

porto (m)	port	[pɔːt]
cais, amarradouro (m)	quay, wharf	[kiː], [wɔːf]
atracar (vi)	to berth, to moor	[tə bɜːθ], [tə mɔː(r)]
desatracar (vi)	to cast off	[tə kɑːst ɒf]

viagem (f)	trip	[trɪp]
cruzeiro (m)	cruise	[kruːz]
rumo (m), rota (f)	course	[kɔːs]
itinerário (m)	route	[raʊt]

canal (m) navegável	fairway	['feəweɪ]
banco (m) de areia	shallows	['ʃæləʊz]
encalhar (vt)	to run aground	[tə rʌn ə'graʊnd]

tempestade (f)	storm	[stɔːm]
sinal (m)	signal	['sɪgnəl]
afundar-se (vr)	to sink (vi)	[tə sɪŋk]
Homem ao mar!	Man overboard!	[ˌmæn 'əʊvəbɔːd]
SOS	SOS	[ˌesəʊ'es]
boia (f) salva-vidas	ring buoy	[rɪŋ bɔɪ]

108. Aeroporto

aeroporto (m)	airport	['eəpɔːt]
avião (m)	airplane	['eəpleɪn]
companhia (f) aérea	airline	['eəlaɪn]
controlador (m) de tráfego aéreo	air traffic controller	['eə 'træfɪk kən'trəʊlə]

partida (f)	departure	[dɪ'pɑːtʃə(r)]
chegada (f)	arrival	[ə'raɪvəl]
chegar (~ de avião)	to arrive (vi)	[tə ə'raɪv]

hora (f) de partida	departure time	[dɪ'pɑːtʃə ˌtaɪm]
hora (f) de chegada	arrival time	[ə'raɪvəl taɪm]

estar atrasado	to be delayed	[tə bi dɪ'leɪd]
atraso (m) de voo	flight delay	[flaɪt dɪ'leɪ]

painel (m) de informação	information board	[ˌɪnfə'meɪʃən bɔːd]
informação (f)	information	[ˌɪnfə'meɪʃən]
anunciar (vt)	to announce (vt)	[tə ə'naʊns]

voo (m)	flight	[flaɪt]
alfândega (f)	customs	[ˈkʌstəmz]
funcionário (m) da alfândega	customs officer	[ˈkʌstəmz ˈɒfɪsə(r)]
declaração (f) alfandegária	customs declaration	[ˈkʌstəmz ˌdekləˈreɪʃən]
preencher (vt)	to fill out (vt)	[tə fɪl ˈaʊt]
preencher a declaração	to fill out the declaration	[tə fɪl ˈaʊt ðə ˌdekləˈreɪʃən]
controlo (m) de passaportes	passport control	[ˈpɑːspɔːt kənˈtrəʊl]
bagagem (f)	luggage	[ˈlʌgɪdʒ]
bagagem (f) de mão	hand luggage	[ˈhænd ˌlʌgɪdʒ]
carrinho (m)	luggage cart	[ˈlʌgɪdʒ kɑːt]
aterragem (f)	landing	[ˈlændɪŋ]
pista (f) de aterragem	landing strip	[ˈlændɪŋ strɪp]
aterrar (vi)	to land (vi)	[tə lænd]
escada (f) de avião	airstairs	[eəˈsteəz]
check-in (m)	check-in	[ˈtʃek ɪn]
balcão (m) do check-in	check-in counter	[tʃek-ˈɪn ˈkaʊntə(r)]
fazer o check-in	to check-in (vi)	[tə tʃek ɪn]
cartão (m) de embarque	boarding pass	[ˈbɔːdɪŋ pɑːs]
porta (f) de embarque	departure gate	[dɪˈpɑːtʃə ˌgeɪt]
trânsito (m)	transit	[ˈtrænsɪt]
esperar (vi, vt)	to wait (vt)	[tə weɪt]
sala (f) de espera	departure lounge	[dɪˈpɑːtʃə laʊndʒ]

Eventos

109. Férias. Evento

festa (f)	celebration, holiday	[ˌselɪ'breɪʃən], ['hɒlɪdeɪ]
festa (f) nacional	national day	['næʃənəl deɪ]
feriado (m)	public holiday	['pʌblɪk 'hɒlɪdeɪ]
festejar (vt)	to commemorate (vt)	[tə kə'meməˌreɪt]
evento (festa, etc.)	event	[ɪ'vent]
evento (banquete, etc.)	event	[ɪ'vent]
banquete (m)	banquet	['bæŋkwɪt]
receção (f)	reception	[rɪ'sepʃən]
festim (m)	feast	[fi:st]
aniversário (m)	anniversary	[ˌænɪ'vɜ:sərɪ]
jubileu (m)	jubilee	['dʒu:bɪli:]
celebrar (vt)	to celebrate (vt)	[tə 'selɪbreɪt]
Ano (m) Novo	New Year	[nju: jɪə(r)]
Feliz Ano Novo!	Happy New Year!	['hæpɪ nju: jɪə(r)]
Pai (m) Natal	Santa Claus	['sæntə klɔ:z]
Natal (m)	Christmas	['krɪsməs]
Feliz Natal!	Merry Christmas!	[ˌmerɪ 'krɪsməs]
árvore (f) de Natal	Christmas tree	['krɪsməs tri:]
fogo (m) de artifício	fireworks	['faɪəwɜ:ks]
boda (f)	wedding	['wedɪŋ]
noivo (m)	groom	[gru:m]
noiva (f)	bride	[braɪd]
convidar (vt)	to invite (vt)	[tə ɪn'vaɪt]
convite (m)	invitation card	[ˌɪnvɪ'teɪʃən kɑ:d]
convidado (m)	guest	[gest]
visitar (vt)	to visit with …	[tə 'vɪzɪt wɪð]
receber os hóspedes	to meet the guests	[tə mi:t ðə gests]
presente (m)	gift, present	[gɪft], ['prezənt]
oferecer (vt)	to give (vt)	[tə gɪv]
receber presentes	to receive gifts	[tə rɪ'si:v gɪfts]
ramo (m) de flores	bouquet	[bʊ'keɪ]
felicitações (f pl)	congratulations	[kənˌgrætʃu'leɪʃənz]
felicitar (dar os parabéns)	to congratulate (vt)	[tə kən'grætʃuleɪt]
cartão (m) de parabéns	greeting card	['gri:tɪŋ kɑ:d]
enviar um postal	to send a postcard	[tə ˌsend ə 'pəʊstkɑ:d]
receber um postal	to get a postcard	[tə get ə 'pəʊstkɑ:d]

brinde (m)	toast	[təʊst]
oferecer (vt)	to offer (vt)	[tə 'ɒfə(r)]
champanhe (m)	champagne	[ʃæm'peɪn]

divertir-se (vr)	to enjoy oneself	[tə ɪn'dʒɔɪ wʌn'self]
diversão (f)	merriment, gaiety	['merɪmənt], ['geɪətɪ]
alegria (f)	joy	[dʒɔɪ]

dança (f)	dance	[dɑ:ns]
dançar (vi)	to dance (vi, vt)	[tə dɑ:ns]

valsa (f)	waltz	[wɔ:ls]
tango (m)	tango	['tæŋgəʊ]

110. Funerais. Enterro

cemitério (m)	cemetery	['semɪtrɪ]
sepultura (f), túmulo (m)	grave, tomb	[greɪv], [tu:m]
lápide (f)	gravestone	['greɪvstəʊn]
cerca (f)	fence	[fens]
capela (f)	chapel	['tʃæpəl]

morte (f)	death	[deθ]
morrer (vi)	to die (vi)	[tə daɪ]
defunto (m)	the deceased	[ðə dɪ'si:st]
luto (m)	mourning	['mɔ:nɪŋ]

enterrar, sepultar (vt)	to bury (vt)	[tə 'berɪ]
agência (f) funerária	funeral home	['fju:nərəl həʊm]
funeral (m)	funeral	['fju:nərəl]

coroa (f) de flores	wreath	[ri:θ]
caixão (m)	casket	['kɑ:skɪt]
carro (m) funerário	hearse	[hɜ:s]
mortalha (f)	shroud	[ʃraʊd]

procissão (f) funerária	funeral procession	['fju:nərəl prə'seʃən]
urna (f) funerária	funerary urn	['fju:nərərɪ ˌɜ:n]
crematório (m)	crematory	['kremə‚təʊrɪ]

obituário (m), necrologia (f)	obituary	[ə'bɪtʃʊərɪ]
chorar (vi)	to cry (vi)	[tə kraɪ]
soluçar (vi)	to sob (vi)	[tə sɒb]

111. Guerra. Soldados

pelotão (m)	platoon	[plə'tu:n]
companhia (f)	company	['kʌmpənɪ]
regimento (m)	regiment	['redʒɪmənt]
exército (m)	army	['ɑ:mɪ]
divisão (f)	division	[dɪ'vɪʒən]
destacamento (m)	section, squad	['sekʃən], [skwɒd]

hoste (f)	host	[həʊst]
soldado (m)	soldier	['səʊldʒə(r)]
oficial (m)	officer	['ɒfɪsə(r)]
soldado (m) raso	private	['praɪvɪt]
sargento (m)	sergeant	['sɑːdʒənt]
tenente (m)	lieutenant	[luː'tenənt]
capitão (m)	captain	['kæptɪn]
major (m)	major	['meɪdʒə(r)]
coronel (m)	colonel	['kɜːnəl]
general (m)	general	['dʒenərəl]
marujo (m)	sailor	['seɪlə(r)]
capitão (m)	captain	['kæptɪn]
contramestre (m)	boatswain	['bəʊsən]
artilheiro (m)	artilleryman	[ɑː'tɪlərɪmən]
soldado (m) paraquedista	paratrooper	['pærətruːpə(r)]
piloto (m)	pilot	['paɪlət]
navegador (m)	navigator	['nævɪgeɪtə(r)]
mecânico (m)	mechanic	[mɪ'kænɪk]
sapador (m)	pioneer	[ˌpaɪə'nɪə(r)]
paraquedista (m)	parachutist	['pærəʃuːtɪst]
explorador (m)	scout	[skaʊt]
franco-atirador (m)	sniper	['snaɪpə(r)]
patrulha (f)	patrol	[pə'trəʊl]
patrulhar (vt)	to patrol (vi, vt)	[tə pə'trəʊl]
sentinela (f)	sentry, guard	['sentrɪ], [gɑːd]
guerreiro (m)	warrior	['wɒrɪə(r)]
patriota (m)	patriot	['peɪtrɪət]
herói (m)	hero	['hɪərəʊ]
heroína (f)	heroine	['herəʊɪn]
traidor (m)	traitor	['treɪtə(r)]
trair (vt)	to betray (vt)	[tə bɪ'treɪ]
desertor (m)	deserter	[dɪ'zɜːtə(r)]
desertar (vt)	to desert (vi)	[tə dɪ'zɜːt]
mercenário (m)	mercenary	['mɜːsɪnərɪ]
recruta (m)	recruit	[rɪ'kruːt]
voluntário (m)	volunteer	[ˌvɒlən'tɪə(r)]
morto (m)	dead	[ded]
ferido (m)	wounded	['wuːndɪd]
prisioneiro (m) de guerra	prisoner of war	['prɪzənə əv wɔː]

112. Guerra. Ações militares. Parte 1

guerra (f)	war	[wɔː(r)]
guerrear (vt)	to be at war	[tə bi ət wɔː]

guerra (f) civil	civil war	['sɪvəl wɔː]
perfidamente	treacherously	['tretʃərəslɪ]
declaração (f) de guerra	declaration of war	[ˌdeklə'reɪʃən əv wɔː]
declarar (vt) guerra	to declare (vt)	[tə dɪ'kleə(r)]
agressão (f)	aggression	[ə'greʃən]
atacar (vt)	to attack (vt)	[tə ə'tæk]

invadir (vt)	to invade (vt)	[tu ɪn'veɪd]
invasor (m)	invader	[ɪn'veɪdə(r)]
conquistador (m)	conqueror	['kɒŋkərə(r)]

defesa (f)	defense	[dɪ'fens]
defender (vt)	to defend (vt)	[tə dɪ'fend]
defender-se (vr)	to defend (against ...)	[tə dɪ'fend]

inimigo (m)	enemy, hostile	['enɪmɪ], ['hɒstəl]
adversário (m)	adversary	['ædvəsərɪ]
inimigo	enemy	['enɪmɪ]

| estratégia (f) | strategy | ['strætɪdʒɪ] |
| tática (f) | tactics | ['tæktɪks] |

ordem (f)	order	['ɔːdə(r)]
comando (m)	command	[kə'mɑːnd]
ordenar (vt)	to order (vt)	[tə 'ɔːdə(r)]
missão (f)	mission	['mɪʃən]
secreto	secret	['siːkrɪt]

| batalha (f) | battle | ['bætəl] |
| combate (m) | combat | ['kɒmbæt] |

ataque (m)	attack	[ə'tæk]
assalto (m)	charge	[tʃɑːdʒ]
assaltar (vt)	to storm (vt)	[tə stɔːm]
assédio, sítio (m)	siege	[siːdʒ]

| ofensiva (f) | offensive | [ə'fensɪv] |
| passar à ofensiva | to go on the offensive | [tə gəʊ ɒn ði ə'fensɪv] |

| retirada (f) | retreat | [rɪ'triːt] |
| retirar-se (vr) | to retreat (vi) | [tə rɪ'triːt] |

| cerco (m) | encirclement | [ɪn'sɜːkəlmənt] |
| cercar (vt) | to encircle (vt) | [tə ɪn'sɜːkəl] |

bombardeio (m)	bombing	['bɒmɪŋ]
lançar uma bomba	to drop a bomb	[tə drɒp ə bɒm]
bombardear (vt)	to bomb (vt)	[tə bɒm]
explosão (f)	explosion	[ɪk'spləʊʒən]

tiro (m)	shot	[ʃɒt]
disparar um tiro	to fire a shot	[tə ˌfaɪə ə 'ʃɒt]
tiroteio (m)	firing	['faɪərɪŋ]

| apontar para ... | to aim (vt) | [tə eɪm] |
| apontar (vt) | to point (vt) | [tə pɔɪnt] |

Portuguese	English	Pronunciation
acertar (vt)	to hit (vt)	[tə hɪt]
afundar (um navio)	to sink (vt)	[tə sɪŋk]
brecha (f)	hole	[həʊl]
afundar-se (vr)	to founder, to sink (vi)	[tə 'faʊndə(r)], [tə sɪŋk]
frente (m)	front	[frʌnt]
evacuação (f)	evacuation	[ɪˌvækjʊ'eɪʃən]
evacuar (vt)	to evacuate (vt)	[tə ɪ'vækjʊeɪt]
trincheira (f)	trench	[trentʃ]
arame (m) farpado	barbwire	['bɑ:bˌwaɪə(r)]
obstáculo (m) anticarro	barrier	['bærɪə(r)]
torre (f) de vigia	watchtower	['wɒtʃˌtaʊə(r)]
hospital (m)	hospital	['hɒspɪtəl]
ferir (vt)	to wound (vt)	[tə wu:nd]
ferida (f)	wound	[wu:nd]
ferido (m)	wounded	['wu:ndɪd]
ficar ferido	to be wounded	[tə bi 'wu:ndɪd]
grave (ferida ~)	serious	['sɪərɪəs]

113. Guerra. Ações militares. Parte 2

Portuguese	English	Pronunciation
cativeiro (m)	captivity	[kæp'tɪvətɪ]
capturar (vt)	to take sb captive	[tə teɪk ... 'kæptɪv]
estar em cativeiro	to be held captive	[tə bi held 'kæptɪv]
ser aprisionado	to be taken captive	[tə bi 'teɪkən 'kæptɪv]
campo (m) de concentração	concentration camp	[ˌkɒnsən'treɪʃən kæmp]
prisioneiro (m) de guerra	prisoner of war	['prɪzənə əv wɔ:]
escapar (vi)	to escape (vi)	[tə ɪ'skeɪp]
fuzilar, executar (vt)	to execute (vt)	[tə 'eksɪkju:t]
fuzilamento (m)	execution	[ˌeksɪ'kju:ʃən]
equipamento (m)	equipment	[ɪ'kwɪpmənt]
platina (f)	shoulder board	['ʃəʊldə bɔ:d]
máscara (f) antigás	gas mask	['gæs mɑ:sk]
rádio (m)	field radio	[fi:ld 'reɪdɪəʊ]
cifra (f), código (m)	cipher, code	['saɪfə(r)], [kəʊd]
conspiração (f)	secrecy	['si:krəsɪ]
senha (f)	password	['pɑ:swɜ:d]
mina (f)	land mine	[lænd maɪn]
minar (vt)	to mine (vt)	[tə maɪn]
campo (m) minado	minefield	['maɪnfi:ld]
alarme (m) aéreo	air-raid warning	[eə reɪd 'wɔ:nɪŋ]
alarme (m)	alarm	[ə'lɑ:m]
sinal (m)	signal	['sɪgnəl]
sinalizador (m)	signal flare	['sɪgnəl fleə(r)]
estado-maior (m)	headquarters	[ˌhed'kwɔ:təz]
reconhecimento (m)	reconnaissance	[rɪ'kɒnɪsəns]

situação (f)	situation	[ˌsɪtjʊ'eɪʃən]
relatório (m)	report	[rɪ'pɔːt]
emboscada (f)	ambush	['æmbʊʃ]
reforço (m)	reinforcement	[ˌriːɪn'fɔːsmənt]
alvo (m)	target	['tɑːgɪt]
campo (m) de tiro	proving ground	['pruːvɪŋ graʊnd]
manobras (f pl)	military exercise	['mɪlɪtərɪ 'eksəsaɪz]
pânico (m)	panic	['pænɪk]
devastação (f)	devastation	[ˌdevə'steɪʃən]
ruínas (f pl)	destruction, ruins	[dɪ'strʌkʃən], ['ruːɪnz]
destruir (vt)	to destroy (vt)	[tə dɪ'strɔɪ]
sobreviver (vi)	to survive (vi, vt)	[tə sə'vaɪv]
desarmar (vt)	to disarm (vt)	[tə dɪs'ɑːm]
manusear (vt)	to handle (vt)	[tə 'hændəl]
Firmes!	Attention!	[ə'tenʃən]
Descansar!	At ease!	[ət 'iːz]
façanha (f)	feat, act of courage	[fiːt], [ækt əv 'kʌrɪdʒ]
juramento (m)	oath	[əʊθ]
jurar (vi)	to swear (vi, vt)	[tə sweə(r)]
condecoração (f)	decoration	[ˌdekə'reɪʃən]
condecorar (vt)	to award (vt)	[tə ə'wɔːd]
medalha (f)	medal	['medəl]
ordem (f)	order	['ɔːdə(r)]
vitória (f)	victory	['vɪktərɪ]
derrota (f)	defeat	[dɪ'fiːt]
armistício (m)	armistice	['ɑːmɪstɪs]
bandeira (f)	standard	['stændəd]
glória (f)	glory	['glɔːrɪ]
desfile (m) militar	parade	[pə'reɪd]
marchar (vi)	to march (vi)	[tə mɑːtʃ]

114. Armas

arma (f)	weapons	['wepənz]
arma (f) de fogo	firearms	['faɪərɑːmz]
arma (f) branca	cold weapons	[ˌkəʊld 'wepənz]
arma (f) química	chemical weapons	['kemɪkəl 'wepənz]
nuclear	nuclear	['njuːklɪə(r)]
arma (f) nuclear	nuclear weapons	['njuːklɪə 'wepənz]
bomba (f)	bomb	[bɒm]
bomba (f) atómica	atomic bomb	[ə'tɒmɪk bɒm]
pistola (f)	pistol	['pɪstəl]
caçadeira (f)	rifle	['raɪfəl]

pistola-metralhadora (f)	submachine gun	[ˌsʌbməˈʃiːn gʌn]
metralhadora (f)	machine gun	[məˈʃiːn gʌn]
boca (f)	muzzle	[ˈmʌzəl]
cano (m)	barrel	[ˈbærəl]
calibre (m)	caliber	[ˈkælɪbə(r)]
gatilho (m)	trigger	[ˈtrɪgə(r)]
mira (f)	sight	[saɪt]
carregador (m)	magazine	[ˌmæɡəˈziːn]
coronha (f)	butt	[bʌt]
granada (f) de mão	hand grenade	[hænd grəˈneɪd]
explosivo (m)	explosive	[ɪkˈspləʊsɪv]
bala (f)	bullet	[ˈbʊlɪt]
cartucho (m)	cartridge	[ˈkɑːtrɪdʒ]
carga (f)	charge	[tʃɑːdʒ]
munições (f pl)	ammunition	[ˌæmjʊˈnɪʃən]
bombardeiro (m)	bomber	[ˈbɒmə(r)]
avião (m) de caça	fighter	[ˈfaɪtə(r)]
helicóptero (m)	helicopter	[ˈhelɪkɒptə(r)]
canhão (m) antiaéreo	anti-aircraft gun	[ˈæntɪ ˈeəkrɑːft gʌn]
tanque (m)	tank	[tæŋk]
canhão (de um tanque)	tank gun	[ˈtæŋk ˌgʌn]
artilharia (f)	artillery	[ɑːˈtɪləri]
canhão (m)	cannon	[ˈkænən]
obus (m)	shell	[ʃel]
granada (f) de morteiro	mortar bomb	[ˈmɔːtə bɒm]
morteiro (m)	mortar	[ˈmɔːtə(r)]
estilhaço (m)	splinter	[ˈsplɪntə(r)]
submarino (m)	submarine	[ˌsʌbməˈriːn]
torpedo (m)	torpedo	[tɔːˈpiːdəʊ]
míssil (m)	missile	[ˈmɪsəl]
carregar (uma arma)	to load (vt)	[tə ləʊd]
atirar, disparar (vi)	to shoot (vi)	[tə ʃuːt]
apontar para …	to take aim at …	[tə teɪk eɪm ət]
baioneta (f)	bayonet	[ˈbeɪənɪt]
espada (f)	rapier	[ˈreɪpjə(r)]
sabre (m)	saber	[ˈseɪbə(r)]
lança (f)	spear	[spɪə(r)]
arco (m)	bow	[bəʊ]
flecha (f)	arrow	[ˈærəʊ]
mosquete (m)	musket	[ˈmʌskɪt]
besta (f)	crossbow	[ˈkrɒsbəʊ]

115. Povos da antiguidade

primitivo	primitive	[ˈprɪmɪtɪv]
pré-histórico	prehistoric	[ˌpriːhɪˈstɒrɪk]
antigo	ancient	[ˈeɪnʃənt]
Idade (f) da Pedra	Stone Age	[ˌstəʊn ˈeɪdʒ]
Idade (f) do Bronze	Bronze Age	[ˈbrɒnz ˌeɪdʒ]
período (m) glacial	Ice Age	[ˈaɪs ˌeɪdʒ]
tribo (f)	tribe	[traɪb]
canibal (m)	cannibal	[ˈkænɪbəl]
caçador (m)	hunter	[ˈhʌntə(r)]
caçar (vi)	to hunt (vi, vt)	[tə hʌnt]
mamute (m)	mammoth	[ˈmæməθ]
caverna (f)	cave	[keɪv]
fogo (m)	fire	[ˈfaɪə(r)]
fogueira (f)	campfire	[ˈkæmpˌfaɪə(r)]
pintura (f) rupestre	cave painting	[keɪv ˈpeɪntɪŋ]
ferramenta (f)	tool	[tuːl]
lança (f)	spear	[spɪə(r)]
machado (m) de pedra	stone ax	[stəʊn æks]
guerrear (vt)	to be at war	[tə bi ət wɔː]
domesticar (vt)	to domesticate (vt)	[tə dəˈmestɪkeɪt]
ídolo (m)	idol	[ˈaɪdəl]
adorar, venerar (vt)	to worship (vt)	[tə ˈwɜːʃɪp]
superstição (f)	superstition	[ˌsuːpəˈstɪʃən]
ritual (m)	rite	[raɪt]
evolução (f)	evolution	[ˌiːvəˈluːʃən]
desenvolvimento (m)	development	[dɪˈveləpmənt]
desaparecimento (m)	disappearance	[ˌdɪsəˈpɪərəns]
adaptar-se (vr)	to adapt oneself	[tə əˈdæpt wʌnˈself]
arqueologia (f)	archeology	[ˌɑːkɪˈɒlədʒɪ]
arqueólogo (m)	archeologist	[ˌɑːkɪˈɒlədʒɪst]
arqueológico	archeological	[ˌɑːkɪəˈlɒdʒɪkəl]
local (m) das escavações	excavation site	[ˌekskəˈveɪʃən saɪt]
escavações (f pl)	excavations	[ˌekskəˈveɪʃənz]
achado (m)	find	[faɪnd]
fragmento (m)	fragment	[ˈfrægmənt]

116. Idade média

povo (m)	people	[ˈpiːpəl]
povos (m pl)	peoples	[ˈpiːpəlz]
tribo (f)	tribe	[traɪb]
tribos (f pl)	tribes	[traɪbz]
bárbaros (m pl)	barbarians	[bɑːˈbeərɪənz]

gauleses (m pl)	Gauls	[gɔːlz]
godos (m pl)	Goths	[gɒθs]
eslavos (m pl)	Slavs	[slɑːvz]
víquingues (m pl)	Vikings	['vaɪkɪŋz]
romanos (m pl)	Romans	['rəʊmənz]
romano	Roman	['rəʊmən]
bizantinos (m pl)	Byzantines	['bɪzəntiːnz]
Bizâncio	Byzantium	[bɪ'zæntɪəm]
bizantino	Byzantine	['bɪzəntiːn]
imperador (m)	emperor	['empərə(r)]
líder (m)	leader, chief	['liːdə], [tʃiːf]
poderoso	powerful	['paʊəfʊl]
rei (m)	king	[kɪŋ]
governante (m)	ruler	['ruːlə(r)]
cavaleiro (m)	knight	[naɪt]
senhor feudal (m)	feudal lord	['fjuːdəl lɔːd]
feudal	feudal	['fjuːdəl]
vassalo (m)	vassal	['væsəl]
duque (m)	duke	[duːk]
conde (m)	earl	[ɜːl]
barão (m)	baron	['bærən]
bispo (m)	bishop	['bɪʃəp]
armadura (f)	armor	['ɑːmə(r)]
escudo (m)	shield	[ʃiːld]
espada (f)	sword	[sɔːd]
viseira (f)	visor	['vaɪzə(r)]
cota (f) de malha	chainmail	[tʃeɪn meɪl]
cruzada (f)	Crusade	[kruː'seɪd]
cruzado (m)	crusader	[kruː'seɪdə(r)]
território (m)	territory	['terətrɪ]
atacar (vt)	to attack (vt)	[tə ə'tæk]
conquistar (vt)	to conquer (vt)	[tə 'kɒŋkə(r)]
ocupar, invadir (vt)	to occupy (vt)	[tə 'ɒkjʊpaɪ]
assédio, sítio (m)	siege	[siːdʒ]
sitiado	besieged	[bɪ'siːdʒd]
assediar, sitiar (vt)	to besiege (vt)	[tə bɪ'siːdʒ]
inquisição (f)	inquisition	[ˌɪnkwɪ'zɪʃən]
inquisidor (m)	inquisitor	[ɪn'kwɪzɪtə(r)]
tortura (f)	torture	['tɔːtʃə(r)]
cruel	cruel	[krʊəl]
herege (m)	heretic	['herətɪk]
heresia (f)	heresy	['herəsɪ]
navegação (f) marítima	seafaring	['siːˌfeərɪŋ]
pirata (m)	pirate	['paɪrət]
pirataria (f)	piracy	['paɪrəsɪ]

abordagem (f)	boarding	['bɔːdɪŋ]
presa (f), butim (m)	loot	[luːt]
tesouros (m pl)	treasures	['treʒəz]

descobrimento (m)	discovery	[dɪ'skʌvərɪ]
descobrir (novas terras)	to discover (vt)	[tə dɪ'skʌvə(r)]
expedição (f)	expedition	[ˌekspɪ'dɪʃən]

mosqueteiro (m)	musketeer	[ˌmʌskɪ'tɪə(r)]
cardeal (m)	cardinal	['kɑːdɪnəl]
heráldica (f)	heraldry	['herəldrɪ]
heráldico	heraldic	[he'rældɪk]

117. Líder. Chefe. Autoridades

rei (m)	king	[kɪŋ]
rainha (f)	queen	[kwiːn]
real	royal	['rɔɪəl]
reino (m)	kingdom	['kɪŋdəm]

príncipe (m)	prince	[prɪns]
princesa (f)	princess	[prɪn'ses]

presidente (m)	president	['prezɪdənt]
vice-presidente (m)	vice-president	[vaɪs 'prezɪdənt]
senador (m)	senator	['senətə(r)]

monarca (m)	monarch	['mɒnək]
governante (m)	ruler	['ruːlə(r)]
ditador (m)	dictator	[dɪk'teɪtə(r)]
tirano (m)	tyrant	['taɪrənt]
magnata (m)	magnate	['mægneɪt]

diretor (m)	director	[dɪ'rektə(r)]
chefe (m)	chief	[tʃiːf]
dirigente (m)	manager	['mænɪdʒə(r)]
patrão (m)	boss	[bɒs]
dono (m)	owner	['əʊnə(r)]

líder, chefe (m)	leader	['liːdə(r)]
chefe (~ de delegação)	head	[hed]
autoridades (f pl)	authorities	[ɔː'θɒrətɪz]
superiores (m pl)	superiors	[suː'pɪərɪərz]

governador (m)	governor	['gʌvənə(r)]
cônsul (m)	consul	['kɒnsəl]
diplomata (m)	diplomat	['dɪpləmæt]
Presidente (m) da Câmara	mayor	[meə(r)]
xerife (m)	sheriff	['ʃerɪf]

imperador (m)	emperor	['empərə(r)]
czar (m)	tsar	[zɑː(r)]
faraó (m)	pharaoh	['feərəʊ]
cã (m)	khan	[kɑːn]

118. Viloação da lei. Criminosos. Parte 1

bandido (m)	bandit	['bændɪt]
crime (m)	crime	[kraɪm]
criminoso (m)	criminal	['krɪmɪnəl]
ladrão (m)	thief	[θi:f]
roubar (vt)	to steal (vt)	[tə sti:l]
furto (m)	stealing	['sti:lɪŋ]
furto (m)	theft	[θeft]
raptar (ex. ~ uma criança)	to kidnap (vt)	[tə 'kɪdnæp]
rapto (m)	kidnapping	['kɪdnæpɪŋ]
raptor (m)	kidnapper	['kɪdnæpə(r)]
resgate (m)	ransom	['rænsəm]
pedir resgate	to demand ransom	[tə dɪ'mɑːnd 'rænsəm]
roubar (vt)	to rob (vt)	[tə rɒb]
assalto, roubo (m)	robbery	['rɒbərɪ]
assaltante (m)	robber	['rɒbə(r)]
extorquir (vt)	to extort (vt)	[tə ɪk'stɔːt]
extorsionário (m)	extortionist	[ɪk'stɔːʃənɪst]
extorsão (f)	extortion	[ɪk'stɔːʃən]
matar, assassinar (vt)	to murder, to kill	[tə 'mɜːdə(r)], [tə kɪl]
homicídio (m)	murder	['mɜːdə(r)]
homicida, assassino (m)	murderer	['mɜːdərə(r)]
tiro (m)	gunshot	['gʌnʃɒt]
dar um tiro	to fire a shot	[tə ˌfaɪə ə 'ʃɒt]
matar a tiro	to shoot to death	[tə ʃuːt tə deθ]
atirar, disparar (vi)	to shoot (vi)	[tə ʃuːt]
tiroteio (m)	shooting	['ʃuːtɪŋ]
incidente (m)	incident	['ɪnsɪdənt]
briga (~ de rua)	fight, brawl	[faɪt], [brɔːl]
Socorro!	Help!	[help]
vítima (f)	victim	['vɪktɪm]
danificar (vt)	to damage (vt)	[tə 'dæmɪdʒ]
dano (m)	damage	['dæmɪdʒ]
cadáver (m)	dead body, corpse	[ded 'bɒdɪ], [kɔːps]
grave	grave	[greɪv]
atacar (vt)	to attack (vt)	[tə ə'tæk]
bater (espancar)	to beat (vt)	[tə biːt]
espancar (vt)	to beat ... up	[tə biːt ... ʌp]
tirar, roubar (dinheiro)	to take (vt)	[tə teɪk]
esfaquear (vt)	to stab to death	[tə stæb tə deθ]
mutilar (vt)	to maim (vt)	[tə meɪm]
ferir (vt)	to wound (vt)	[tə wuːnd]
chantagem (f)	blackmail	['blækˌmeɪl]
chantagear (vt)	to blackmail (vt)	[tə 'blækˌmeɪl]

chantagista (m)	blackmailer	['blækˌmeɪlə(r)]
extorsão	protection racket	[prə'tekʃən 'rækɪt]
(em troca de proteção)		
extorsionário (m)	racketeer	[ˌrækə'tɪə(r)]
gângster (m)	gangster	['gæŋstə(r)]
máfia (f)	mafia, Mob	['mæfɪə], [mɒb]

carteirista (m)	pickpocket	['pɪkˌpɒkɪt]
assaltante, ladrão (m)	burglar	['bɜːglə]
contrabando (m)	smuggling	['smʌglɪŋ]
contrabandista (m)	smuggler	['smʌglə(r)]

falsificação (f)	forgery	['fɔːdʒərɪ]
falsificar (vt)	to forge (vt)	[tə fɔːdʒ]
falsificado	fake, forged	[feɪk], [fɔːdʒd]

119. Viloação da lei. Criminosos. Parte 2

violação (f)	rape	[reɪp]
violar (vt)	to rape (vt)	[tə reɪp]
violador (m)	rapist	['reɪpɪst]
maníaco (m)	maniac	['meɪnɪæk]

prostituta (f)	prostitute	['prɒstɪtjuːt]
prostituição (f)	prostitution	[ˌprɒstɪ'tjuːʃən]
chulo (m)	pimp	[pɪmp]

| toxicodependente (m) | drug addict | ['drʌgˌædɪkt] |
| traficante (m) | drug dealer | ['drʌg ˌdiːlə(r)] |

explodir (vt)	to blow up (vt)	[tə bləʊ ʌp]
explosão (f)	explosion	[ɪk'spləʊʒən]
incendiar (vt)	to set fire	[tə set 'faɪə(r)]
incendiário (m)	arsonist	['ɑːsənɪst]

terrorismo (m)	terrorism	['terərɪzəm]
terrorista (m)	terrorist	['terərɪst]
refém (m)	hostage	['hɒstɪdʒ]

enganar (vt)	to swindle (vt)	[tə 'swɪndəl]
engano (m)	swindle, deception	['swɪndəl], [dɪ'sepʃən]
vigarista (m)	swindler	['swɪndlə(r)]

subornar (vt)	to bribe (vt)	[tə braɪb]
suborno (atividade)	bribery	['braɪbərɪ]
suborno (dinheiro)	bribe	[braɪb]

veneno (m)	poison	['pɔɪzən]
envenenar (vt)	to poison (vt)	[tə 'pɔɪzən]
envenenar-se (vr)	to poison oneself	[tə 'pɔɪzən wʌn'self]

suicídio (m)	suicide	['suːɪsaɪd]
suicida (m)	suicide	['suːɪsaɪd]
ameaçar (vt)	to threaten (vt)	[tə 'θretən]

ameaça (f)	threat	[θret]
atentar contra a vida de ...	to make an attempt	[tə meɪk ən ə'tempt]
atentado (m)	attempt	[ə'tempt]
roubar (o carro)	to steal (vt)	[tə stiːl]
desviar (o avião)	to hijack (vt)	[tə 'haɪdʒæk]
vingança (f)	revenge	[rɪ'vendʒ]
vingar (vt)	to avenge (vt)	[tə ə'vendʒ]
torturar (vt)	to torture (vt)	[tə 'tɔːtʃə(r)]
tortura (f)	torture	['tɔːtʃə(r)]
atormentar (vt)	to torment (vt)	[tə tɔː'ment]
pirata (m)	pirate	['paɪrət]
desordeiro (m)	hooligan	['huːlɪgən]
armado	armed	[ɑːmd]
violência (f)	violence	['vaɪələns]
ilegal	illegal	[ɪ'liːgəl]
espionagem (f)	spying, espionage	['spaɪɪŋ], ['espɪəˌnɑːʒ]
espionar (vi)	to spy (vi)	[tə spaɪ]

120. Polícia. Lei. Parte 1

justiça (f)	justice	['dʒʌstɪs]
tribunal (m)	court	[kɔːt]
juiz (m)	judge	[dʒʌdʒ]
jurados (m pl)	jurors	['dʒʊərəz]
tribunal (m) do júri	jury trial	['dʒʊərɪ 'traɪəl]
julgar (vt)	to judge (vt)	[tə dʒʌdʒ]
advogado (m)	lawyer, attorney	['lɔːjə(r)], [ə'tɜːnɪ]
réu (m)	defendant	[dɪ'fendənt]
banco (m) dos réus	dock	[dɒk]
acusação (f)	charge	[tʃɑːdʒ]
acusado (m)	accused	[ə'kjuːzd]
sentença (f)	sentence	['sentəns]
sentenciar (vt)	to sentence (vt)	[tə 'sentəns]
punir (vt)	to punish (vt)	[tə 'pʌnɪʃ]
punição (f)	punishment	['pʌnɪʃmənt]
multa (f)	fine	[faɪn]
prisão (f) perpétua	life imprisonment	[laɪf ɪm'prɪzənmənt]
pena (f) de morte	death penalty	['deθ ˌpenəltɪ]
cadeira (f) elétrica	electric chair	[ɪ'lektrɪk 'tʃeə(r)]
forca (f)	gallows	['gæləʊz]
executar (vt)	to execute (vt)	[tə 'eksɪkjuːt]
execução (f)	execution	[ˌeksɪ'kjuːʃən]

prisão (f)	prison, jail	['prɪzən], [dʒeɪl]
cela (f) de prisão	cell	[sel]

escolta (f)	escort	['eskɔːt]
guarda (m) prisional	prison guard	['prɪzən gɑːd]
preso (m)	prisoner	['prɪzənə(r)]

algemas (f pl)	handcuffs	['hændkʌfs]
algemar (vt)	to handcuff (vt)	[tə 'hændkʌf]

fuga, evasão (f)	prison break	['prɪzən breɪk]
fugir (vi)	to break out (vi)	[tə breɪk 'aʊt]
desaparecer (vi)	to disappear (vi)	[tə ˌdɪsə'pɪə(r)]
soltar, libertar (vt)	to release (vt)	[tə rɪ'liːs]
amnistia (f)	amnesty	['æmnəstɪ]

polícia (instituição)	police	[pə'liːs]
polícia (m)	police officer	[pə'liːs 'ɒfɪsə(r)]
esquadra (f) de polícia	police station	[pə'liːs 'steɪʃən]
cassetete (m)	billy club	['bɪlɪ klʌb]
megafone (m)	bullhorn	['bʊlhɔːn]

carro (m) de patrulha	patrol car	[pə'trəʊl kɑː(r)]
sirene (f)	siren	['saɪərən]
ligar a sirene	to turn on the siren	[tə tɜːn ˌɒn ðə 'saɪərən]
toque (m) da sirene	siren call	['saɪərən kɔːl]

cena (f) do crime	crime scene	[kraɪm siːn]
testemunha (f)	witness	['wɪtnɪs]
liberdade (f)	freedom	['friːdəm]
cúmplice (m)	accomplice	[ə'kʌmplɪs]
traço (não deixar ~s)	trace	[treɪs]

121. Polícia. Lei. Parte 2

procura (f)	search	[sɜːtʃ]
procurar (vt)	to look for ...	[tə lʊk fɔː(r)]
suspeita (f)	suspicion	[sə'spɪʃən]
suspeito	suspicious	[sə'spɪʃəs]
parar (vt)	to stop (vt)	[tə stɒp]
deter (vt)	to detain (vt)	[tə dɪ'teɪn]

caso (criminal)	case	[keɪs]
investigação (f)	investigation	[ɪnˌvestɪ'geɪʃən]
detetive (m)	detective	[dɪ'tektɪv]
investigador (m)	investigator	[ɪn'vestɪˌgeɪtə(r)]
versão (f)	hypothesis	[haɪ'pɒθɪsɪs]

motivo (m)	motive	['məʊtɪv]
interrogatório (m)	interrogation	[ɪnˌterə'geɪʃən]
interrogar (vt)	to interrogate (vt)	[tə ɪn'terəgeɪt]
questionar (vt)	to question (vt)	[tə 'kwestʃən]
verificação (f)	check	[tʃek]
batida (f) policial	round-up	[raʊndʌp]

busca (f)	search	[sɜːtʃ]
perseguição (f)	chase	[tʃeɪs]
perseguir (vt)	to pursue, to chase	[tə pəˈsjuː], [tə tʃeɪs]
seguir (vt)	to track (vt)	[tə træk]

prisão (f)	arrest	[əˈrest]
prender (vt)	to arrest (vt)	[tə əˈrest]
pegar, capturar (vt)	to catch (vt)	[tə kætʃ]
captura (f)	capture	[ˈkæptʃə(r)]

documento (m)	document	[ˈdɒkjʊmənt]
prova (f)	proof	[pruːf]
provar (vt)	to prove (vt)	[tə pruːv]
pegada (f)	footprint	[ˈfʊtprɪnt]
impressões (f pl) digitais	fingerprints	[ˈfɪŋɡəprɪnts]
prova (f)	piece of evidence	[piːs ɒf ˈevɪdəns]

álibi (m)	alibi	[ˈælɪbaɪ]
inocente	innocent	[ˈɪnəsənt]
injustiça (f)	injustice	[ɪnˈdʒʌstɪs]
injusto	unjust, unfair	[ˌʌnˈdʒʌst], [ˌʌnˈfeə(r)]

criminal	criminal	[ˈkrɪmɪnəl]
confiscar (vt)	to confiscate (vt)	[tə ˈkɒnfɪskeɪt]
droga (f)	drug	[drʌɡ]
arma (f)	weapon, gun	[ˈwepən], [ɡʌn]
desarmar (vt)	to disarm (vt)	[tə dɪsˈɑːm]
ordenar (vt)	to order (vt)	[tə ˈɔːdə(r)]
desaparecer (vi)	to disappear (vi)	[tə ˌdɪsəˈpɪə(r)]

lei (f)	law	[lɔː]
legal	legal, lawful	[ˈliːɡəl], [ˈlɔːfʊl]
ilegal	illegal, illicit	[ɪˈliːɡəl], [ɪˈlɪsɪt]

| responsabilidade (f) | responsibility | [rɪˌspɒnsəˈbɪlɪtɪ] |
| responsável | responsible | [rɪˈspɒnsəbəl] |

NATUREZA

A Terra. Parte 1

122. Espaço sideral

cosmos (m)	space	[speɪs]
cósmico	space	[speɪs]
espaço (m) cósmico	outer space	[ˈaʊtə speɪs]
mundo (m)	world	[wɜːld]
universo (m)	universe	[ˈjuːnɪvɜːs]
galáxia (f)	galaxy	[ˈgæləksɪ]
estrela (f)	star	[stɑː(r)]
constelação (f)	constellation	[ˌkɒnstəˈleɪʃən]
planeta (m)	planet	[ˈplænɪt]
satélite (m)	satellite	[ˈsætəlaɪt]
meteorito (m)	meteorite	[ˈmiːtjəraɪt]
cometa (m)	comet	[ˈkɒmɪt]
asteroide (m)	asteroid	[ˈæstərɔɪd]
órbita (f)	orbit	[ˈɔːbɪt]
girar (vi)	to rotate (vi)	[tə rəʊˈteɪt]
atmosfera (f)	atmosphere	[ˈætməˌsfɪə(r)]
Sol (m)	the Sun	[ðə sʌn]
Sistema (m) Solar	solar system	[ˈsəʊlə ˈsɪstəm]
eclipse (m) solar	solar eclipse	[ˈsəʊlə ɪˈklɪps]
Terra (f)	the Earth	[ðɪ ɜːθ]
Lua (f)	the Moon	[ðə muːn]
Marte (m)	Mars	[mɑːz]
Vénus (f)	Venus	[ˈviːnəs]
Júpiter (m)	Jupiter	[ˈdʒuːpɪtə(r)]
Saturno (m)	Saturn	[ˈsætən]
Mercúrio (m)	Mercury	[ˈmɜːkjʊrɪ]
Urano (m)	Uranus	[ˈjʊərənəs]
Neptuno (m)	Neptune	[ˈneptjuːn]
Plutão (m)	Pluto	[ˈpluːtəʊ]
Via Láctea (f)	Milky Way	[ˈmɪlkɪ weɪ]
Ursa Maior (f)	Great Bear	[greɪt beə(r)]
Estrela Polar (f)	North Star	[nɔːθ stɑː(r)]
marciano (m)	Martian	[ˈmɑːʃən]
extraterrestre (m)	extraterrestrial	[ˌekstrətəˈrestrɪəl]

alienígena (m)	alien	['eɪljən]
disco (m) voador	flying saucer	['flaɪɪŋ 'sɔːsə(r)]

nave (f) espacial	spaceship	['speɪsʃɪp]
estação (f) orbital	space station	[speɪs 'steɪʃən]
lançamento (m)	blast-off	[blɑːst ɒf]

motor (m)	engine	['endʒɪn]
bocal (m)	nozzle	['nɒzəl]
combustível (m)	fuel	[fjʊəl]

cabine (f)	cockpit	['kɒkpɪt]
antena (f)	antenna	[æn'tenə]
vigia (f)	porthole	['pɔːthəʊl]
bateria (f) solar	solar panel	['səʊlə 'pænəl]
traje (m) espacial	spacesuit	['speɪssuːt]

imponderabilidade (f)	weightlessness	['weɪtlɪsnɪs]
oxigénio (m)	oxygen	['ɒksɪdʒən]

acoplagem (f)	docking	['dɒkɪŋ]
fazer uma acoplagem	to dock (vi, vt)	[tə dɒk]

observatório (m)	observatory	[əb'zɜːvətrɪ]
telescópio (m)	telescope	['telɪskəʊp]
observar (vt)	to observe (vt)	[tə əb'zɜːv]
explorar (vt)	to explore (vt)	[tə ɪk'splɔː(r)]

123. A Terra

Terra (f)	the Earth	[ðɪ ɜːθ]
globo terrestre (Terra)	the globe	[ðɪ gləʊb]
planeta (m)	planet	['plænɪt]

atmosfera (f)	atmosphere	['ætmə‚sfɪə(r)]
geografia (f)	geography	[dʒɪ'ɒgrəfɪ]
natureza (f)	nature	['neɪtʃə(r)]

globo (mapa esférico)	globe	[gləʊb]
mapa (m)	map	[mæp]
atlas (m)	atlas	['ætləs]

Europa (f)	Europe	['jʊərəp]
Ásia (f)	Asia	['eɪʒə]

África (f)	Africa	['æfrɪkə]
Austrália (f)	Australia	[ɒ'streɪljə]

América (f)	America	[ə'merɪkə]
América (f) do Norte	North America	[nɔːθ ə'merɪkə]
América (f) do Sul	South America	[saʊθ ə'merɪkə]

Antártida (f)	Antarctica	[ænt'ɑːktɪkə]
Ártico (m)	the Arctic	[ðə 'ɑːktɪk]

124. Pontos cardeais

norte (m)	north	[nɔ:θ]
para norte	to the north	[tə ðə nɔ:θ]
no norte	in the north	[ɪn ðə nɔ:θ]
do norte	northern	['nɔ:ðən]

sul (m)	south	[saʊθ]
para sul	to the south	[tə ðə saʊθ]
no sul	in the south	[ɪn ðə saʊθ]
do sul	southern	['sʌðən]

oeste, ocidente (m)	west	[west]
para oeste	to the west	[tə ðə west]
no oeste	in the west	[ɪn ðə west]
ocidental	western	['westən]

leste, oriente (m)	east	[i:st]
para leste	to the east	[tə ðɪ i:st]
no leste	in the east	[ɪn ðɪ i:st]
oriental	eastern	['i:stən]

125. Mar. Oceano

mar (m)	sea	[si:]
oceano (m)	ocean	['əʊʃən]
golfo (m)	gulf	[gʌlf]
estreito (m)	straits	[streɪts]

terra (f) firme	land	[lænd]
continente (m)	continent	['kɒntɪnənt]
ilha (f)	island	['aɪlənd]
península (f)	peninsula	[pə'nɪnsjʊlə]
arquipélago (m)	archipelago	[ˌɑ:kɪ'pelɪgəʊ]

baía (f)	bay	[beɪ]
porto (m)	harbor	['hɑ:bə(r)]
lagoa (f)	lagoon	[lə'gu:n]
cabo (m)	cape	[keɪp]

atol (m)	atoll	['ætɒl]
recife (m)	reef	[ri:f]
coral (m)	coral	['kɒrəl]
recife (m) de coral	coral reef	['kɒrəl ri:f]

profundo	deep	[di:p]
profundidade (f)	depth	[depθ]
abismo (m)	abyss	[ə'bɪs]
fossa (f) oceânica	trench	[trentʃ]

corrente (f)	current	['kʌrənt]
banhar (vt)	to surround (vt)	[tə sə'raʊnd]
litoral (m)	shore	[ʃɔ:(r)]

costa (f)	coast	[kəʊst]
maré (f) alta	flow	[fləʊ]
refluxo (m), maré (f) baixa	ebb	[eb]
restinga (f)	shoal	[ʃəʊl]
fundo (m)	bottom	['bɒtəm]

onda (f)	wave	[weɪv]
crista (f) da onda	crest	[krest]
espuma (f)	foam, spume	[fəʊm], [spjuːm]

tempestade (f)	storm	[stɔːm]
furacão (m)	hurricane	['hʌrɪkən]
tsunami (m)	tsunami	[tsuːˈnɑːmɪ]
calmaria (f)	calm	[kɑːm]
calmo	quiet, calm	['kwaɪət], [kɑːm]

| polo (m) | pole | [pəʊl] |
| polar | polar | ['pəʊlə(r)] |

latitude (f)	latitude	['lætɪtjuːd]
longitude (f)	longitude	['lɒndʒɪtjuːd]
paralela (f)	parallel	['pærəlel]
equador (m)	equator	[ɪ'kweɪtə(r)]

céu (m)	sky	[skaɪ]
horizonte (m)	horizon	[hə'raɪzən]
ar (m)	air	[eə]

farol (m)	lighthouse	['laɪthaʊs]
mergulhar (vi)	to dive (vi)	[tə daɪv]
afundar-se (vr)	to sink (vi)	[tə sɪŋk]
tesouros (m pl)	treasures	['treʒəz]

126. Nomes de Mares e Oceanos

Oceano (m) Atlântico	Atlantic Ocean	[ət'læntɪk 'əʊʃən]
Oceano (m) Índico	Indian Ocean	['ɪndɪən 'əʊʃən]
Oceano (m) Pacífico	Pacific Ocean	[pə'sɪfɪk 'əʊʃən]
Oceano (m) Ártico	Arctic Ocean	['ɑːktɪk 'əʊʃən]

Mar (m) Negro	Black Sea	[blæk siː]
Mar (m) Vermelho	Red Sea	[red siː]
Mar (m) Amarelo	Yellow Sea	[ˌjeləʊ 'siː]
Mar (m) Branco	White Sea	[waɪt siː]

Mar (m) Cáspio	Caspian Sea	['kæspɪən siː]
Mar (m) Morto	Dead Sea	[ˌded 'siː]
Mar (m) Mediterrâneo	Mediterranean Sea	[ˌmedɪtə'reɪnɪən siː]

| Mar (m) Egeu | Aegean Sea | [iː'dʒiːən siː] |
| Mar (m) Adriático | Adriatic Sea | [ˌeɪdrɪ'ætɪk siː] |

| Mar (m) Arábico | Arabian Sea | [ə'reɪbɪən siː] |
| Mar (m) do Japão | Sea of Japan | ['siː əv dʒə'pæn] |

| Mar (m) de Bering | Bering Sea | [ˈberɪŋ siː] |
| Mar (m) da China Meridional | South China Sea | [saʊθ ˈtʃaɪnə siː] |

Mar (m) de Coral	Coral Sea	[ˈkɒrəl siː]
Mar (m) de Tasman	Tasman Sea	[ˈtæzmən siː]
Mar (m) do Caribe	Caribbean Sea	[ˈkæˈrɪbɪən siː]

| Mar (m) de Barents | Barents Sea | [ˈbærənts siː] |
| Mar (m) de Kara | Kara Sea | [ˈkɑːrə siː] |

Mar (m) do Norte	North Sea	[nɔːθ siː]
Mar (m) Báltico	Baltic Sea	[ˈbɔːltɪk siː]
Mar (m) da Noruega	Norwegian Sea	[nɔːˈwiːdʒən siː]

127. Montanhas

montanha (f)	mountain	[ˈmaʊntɪn]
cordilheira (f)	mountain range	[ˈmaʊntɪn reɪndʒ]
serra (f)	mountain ridge	[ˈmaʊntɪn rɪdʒ]

cume (m)	summit, top	[ˈsʌmɪt], [tɒp]
pico (m)	peak	[piːk]
sopé (m)	foot	[fʊt]
declive (m)	slope	[sləʊp]

vulcão (m)	volcano	[vɒlˈkenəʊ]
vulcão (m) ativo	active volcano	[ˈæktɪv vɒlˈkenəʊ]
vulcão (m) extinto	dormant volcano	[ˈdɔːmənt vɒlˈkenəʊ]

erupção (f)	eruption	[ɪˈrʌpʃən]
cratera (f)	crater	[ˈkreɪtə(r)]
magma (m)	magma	[ˈmægmə]
lava (f)	lava	[ˈlɑːvə]
fundido (lava ~a)	molten	[ˈməʊltən]

desfiladeiro (m)	canyon	[ˈkænjən]
garganta (f)	gorge	[gɔːdʒ]
fenda (f)	crevice	[ˈkrevɪs]
precipício (m)	abyss	[əˈbɪs]

passo, colo (m)	pass, col	[pɑːs], [kɒl]
planalto (m)	plateau	[ˈplætəʊ]
falésia (f)	cliff	[klɪf]
colina (f)	hill	[hɪl]

glaciar (m)	glacier	[ˈgleɪʃə(r)]
queda (f) d'água	waterfall	[ˈwɔːtəfɔːl]
géiser (m)	geyser	[ˈgaɪzə(r)]
lago (m)	lake	[leɪk]

planície (f)	plain	[pleɪn]
paisagem (f)	landscape	[ˈlændskeɪp]
eco (m)	echo	[ˈekəʊ]
alpinista (m)	alpinist	[ˈælpɪnɪst]

escalador (m)	rock climber	[rɒk 'klaɪmə(r)]
conquistar (vt)	conquer (vt)	['kɒŋkə(r)]
subida, escalada (f)	climb	[klaɪm]

128. Nomes de montanhas

Alpes (m pl)	The Alps	[ðɪ ælps]
monte Branco (m)	Mont Blanc	[ˌmɔ̃'blɑ̃]
Pirineus (m pl)	The Pyrenees	[ðɪ ˌpɪrə'niːz]

Cárpatos (m pl)	The Carpathians	[ðɪ kɑː'peɪθɪənz]
montes (m pl) Urais	The Ural Mountains	[ðɪ 'jʊərəl 'maʊntɪnz]
Cáucaso (m)	The Caucasus Mountains	[ðɪ 'kɔːkəsəs 'maʊntɪnz]
Elbrus (m)	Mount Elbrus	['maʊnt ˌelbə'ruːs]

Altai (m)	The Altai Mountains	[ðɪ ˌɑːl'taɪ 'maʊntɪnz]
Tian Shan (m)	The Tian Shan	[ðɪ tjɛn'ʃaːn]
Pamir (m)	The Pamir Mountains	[ðɪ pə'mɪə 'maʊntɪnz]
Himalaias (m pl)	The Himalayas	[ðɪ ˌhɪmə'leɪəz]
monte (m) Everest	Mount Everest	['maʊnt 'evərɪst]

| Cordilheira (f) dos Andes | The Andes | [ðɪ 'ændiːz] |
| Kilimanjaro (m) | Mount Kilimanjaro | ['maʊnt ˌkɪlɪmən'dʒɑːrəʊ] |

129. Rios

rio (m)	river	['rɪvə(r)]
fonte, nascente (f)	spring	[sprɪŋ]
leito (m) do rio	riverbed	['rɪvəbed]
bacia (f)	basin	['beɪsən]
desaguar no …	to flow into …	[tə fləʊ 'ɪntʊ]

| afluente (m) | tributary | ['trɪbjʊtrɪ] |
| margem (do rio) | bank | [bæŋk] |

corrente (f)	current, stream	['kʌrənt], [striːm]
rio abaixo	downstream	['daʊnˌstriːm]
rio acima	upstream	[ˌʌp'striːm]

inundação (f)	inundation	[ˌɪnʌn'deɪʃən]
cheia (f)	flooding	['flʌdɪŋ]
transbordar (vi)	to overflow (vi)	[tə ˌəʊvə'fləʊ]
inundar (vt)	to flood (vt)	[tə flʌd]

| banco (m) de areia | shallow | ['ʃæləʊ] |
| rápidos (m pl) | rapids | ['ræpɪdz] |

barragem (f)	dam	[dæm]
canal (m)	canal	[kə'næl]
reservatório (m) de água	reservoir	['rezəvwɑː(r)]
eclusa (f)	sluice, lock	[sluːs], [lɒk]
corpo (m) de água	water body	['wɔːtə 'bɒdɪ]

pântano (m)	swamp	[swɒmp]
tremedal (m)	bog, marsh	[bɒg], [mɑːʃ]
remoinho (m)	whirlpool	['wɜːlpuːl]

arroio, regato (m)	stream	[striːm]
potável	drinking	['drɪŋkɪŋ]
doce (água)	fresh	[freʃ]

| gelo (m) | ice | [aɪs] |
| congelar-se (vr) | to freeze over | [tə friːz 'əʊvə(r)] |

130. Nomes de rios

| rio Sena (m) | Seine | [seɪn] |
| rio Loire (m) | Loire | [lwɑːr] |

rio Tamisa (m)	Thames	[temz]
rio Reno (m)	Rhine	[raɪn]
rio Danúbio (m)	Danube	['dænjuːb]

rio Volga (m)	Volga	['vɒlgə]
rio Don (m)	Don	[dɒn]
rio Lena (m)	Lena	['leɪnə]

rio Amarelo (m)	Yellow River	[ˌjeləʊ 'rɪvə(r)]
rio Yangtzé (m)	Yangtze	['jæŋtsɪ]
rio Mekong (m)	Mekong	['miːkɒŋ]
rio Ganges (m)	Ganges	['gændʒiːz]

rio Nilo (m)	Nile River	[naɪl 'rɪvə(r)]
rio Congo (m)	Congo	['kɒŋgəʊ]
rio Cubango (m)	Okavango	[ˌɔkə'væŋgəʊ]
rio Zambeze (m)	Zambezi	[zæm'biːzɪ]
rio Limpopo (m)	Limpopo	[lɪm'pəʊpəʊ]

131. Floresta

| floresta (f), bosque (m) | forest, wood | ['fɒrɪst], [wʊd] |
| florestal | forest | ['fɒrɪst] |

mata (f) cerrada	thick forest	[θɪk 'fɒrɪst]
arvoredo (m)	grove	[grəʊv]
clareira (f)	clearing	['klɪərɪŋ]

| matagal (m) | thicket | ['θɪkɪt] |
| mato (m) | scrubland | ['skrʌblænd] |

| vereda (f) | footpath | ['fʊtpɑːθ] |
| ravina (f) | gully | ['gʌlɪ] |

| árvore (f) | tree | [triː] |
| folha (f) | leaf | [liːf] |

folhagem (f)	leaves	[liːvz]
queda (f) das folhas	fall of leaves	[fɔːl əv liːvz]
cair (vi)	to fall (vi)	[tə fɔːl]
topo (m)	top	[tɒp]

ramo (m)	branch	[brɑːntʃ]
galho (m)	bough	[baʊ]
botão, rebento (m)	bud	[bʌd]
agulha (f)	needle	[ˈniːdəl]
pinha (f)	pine cone	[paɪn kəʊn]

buraco (m) de árvore	tree hollow	[triː ˈhɒləʊ]
ninho (m)	nest	[nest]
toca (f)	burrow, animal hole	[ˈbʌrəʊ], [ˈænɪməl həʊl]

tronco (m)	trunk	[trʌŋk]
raiz (f)	root	[ruːt]
casca (f) de árvore	bark	[bɑːk]
musgo (m)	moss	[mɒs]

arrancar pela raiz	to uproot (vt)	[tə ˌʌpˈruːt]
cortar (vt)	to chop down	[tə tʃɒp daʊn]
desflorestar (vt)	to deforest (vt)	[tə ˌdiːˈfɒrɪst]
toco, cepo (m)	tree stump	[triː stʌmp]

fogueira (f)	campfire	[ˈkæmpˌfaɪə(r)]
incêndio (m) florestal	forest fire	[ˈfɒrɪst ˈfaɪə(r)]
apagar (vt)	to extinguish (vt)	[tə ɪkˈstɪŋgwɪʃ]

guarda-florestal (m)	forest ranger	[ˈfɒrɪst ˈreɪndʒə]
proteção (f)	protection	[prəˈtekʃən]
proteger (a natureza)	to protect (vt)	[tə prəˈtekt]
caçador (m) furtivo	poacher	[ˈpəʊtʃə(r)]
armadilha (f)	steel trap	[stiːl træp]

| colher (cogumelos, bagas) | to gather, to pick (vt) | [tə ˈgæðə(r)], [tə pɪk] |
| perder-se (vr) | to lose one's way | [tə luːz wʌnz weɪ] |

132. Recursos naturais

recursos (m pl) naturais	natural resources	[ˈnætʃərəl rɪˈsɔːsɪz]
minerais (m pl)	minerals	[ˈmɪnərəlz]
depósitos (m pl)	deposits	[dɪˈpɒzɪts]
jazida (f)	field	[fiːld]

extrair (vt)	to mine (vt)	[tə maɪn]
extração (f)	mining	[ˈmaɪnɪŋ]
minério (m)	ore	[ɔː(r)]
mina (f)	mine	[maɪn]
poço (m) de mina	shaft	[ʃɑːft]
mineiro (m)	miner	[ˈmaɪnə(r)]

| gás (m) | gas | [gæs] |
| gasoduto (m) | gas pipeline | [gæs ˈpaɪplaɪn] |

petróleo (m)	oil, petroleum	[ɔɪl], [pɪ'trəʊlɪəm]
oleoduto (m)	oil pipeline	[ɔɪl 'paɪplaɪn]
poço (m) de petróleo	oil well	[ɔɪl wel]
torre (f) petrolífera	derrick	['derɪk]
petroleiro (m)	tanker	['tæŋkə(r)]

areia (f)	sand	[sænd]
calcário (m)	limestone	['laɪmstəʊn]
cascalho (m)	gravel	['grævəl]
turfa (f)	peat	[piːt]
argila (f)	clay	[kleɪ]
carvão (m)	coal	[kəʊl]

ferro (m)	iron	['aɪrən]
ouro (m)	gold	[gəʊld]
prata (f)	silver	['sɪlvə(r)]
níquel (m)	nickel	['nɪkəl]
cobre (m)	copper	['kɒpə(r)]

zinco (m)	zinc	[zɪŋk]
manganês (m)	manganese	['mæŋgəniːz]
mercúrio (m)	mercury	['mɜːkjʊrɪ]
chumbo (m)	lead	[led]

mineral (m)	mineral	['mɪnərəl]
cristal (m)	crystal	['krɪstəl]
mármore (m)	marble	['mɑːbəl]
urânio (m)	uranium	[jʊ'reɪnjəm]

A Terra. Parte 2

133. Tempo

tempo (m)	weather	['weðə(r)]
previsão (f) do tempo	weather forecast	['weðə 'fɔːkɑːst]
temperatura (f)	temperature	['temprətʃə(r)]
termómetro (m)	thermometer	[θə'mɒmɪtə(r)]
barómetro (m)	barometer	[bə'rɒmɪtə(r)]
húmido	humid	['hjuːmɪd]
humidade (f)	humidity	[hjuː'mɪdətɪ]
calor (m)	heat	[hiːt]
cálido	hot, torrid	[hɒt], ['tɒrɪd]
está muito calor	it's hot	[ɪts hɒt]
está calor	it's warm	[ɪts wɔːm]
quente	warm	[wɔːm]
está frio	it's cold	[ɪts kəʊld]
frio	cold	[kəʊld]
sol (m)	sun	[sʌn]
brilhar (vi)	to shine (vi)	[tə ʃaɪn]
de sol, ensolarado	sunny	['sʌnɪ]
nascer (vi)	to come up (vi)	[tə kʌm ʌp]
pôr-se (vr)	to set (vi)	[tə set]
nuvem (f)	cloud	[klaʊd]
nublado	cloudy	['klaʊdɪ]
nuvem (f) preta	rain cloud	[reɪn klaʊd]
escuro, cinzento	somber	['sɒmbə(r)]
chuva (f)	rain	[reɪn]
está a chover	it's raining	[ɪts 'reɪnɪŋ]
chuvoso	rainy	['reɪnɪ]
chuviscar (vi)	to drizzle (vi)	[tə 'drɪzəl]
chuva (f) torrencial	pouring rain	['pɔːrɪŋ reɪn]
chuvada (f)	downpour	['daʊnpɔː(r)]
forte (chuva)	heavy	['hevɪ]
poça (f)	puddle	['pʌdəl]
molhar-se (vr)	to get wet	[tə get wet]
nevoeiro (m)	fog, mist	[fɒg], [mɪst]
de nevoeiro	foggy	['fɒgɪ]
neve (f)	snow	[snəʊ]
está a nevar	it's snowing	[ɪts snəʊɪŋ]

134. Tempo extremo. Catástrofes naturais

trovoada (f)	thunderstorm	['θʌndəstɔ:m]
relâmpago (m)	lightning	['laɪtnɪŋ]
relampejar (vi)	to flash (vi)	[tə flæʃ]
trovão (m)	thunder	['θʌndə(r)]
trovejar (vi)	to thunder (vi)	[tə 'θʌndə(r)]
está a trovejar	it's thundering	[ɪts 'θʌndərɪŋ]
granizo (m)	hail	[heɪl]
está a cair granizo	it's hailing	[ɪts heɪlɪŋ]
inundar (vt)	to flood (vt)	[tə flʌd]
inundação (f)	flood	[flʌd]
terremoto (m)	earthquake	['ɜ:θkweɪk]
abalo, tremor (m)	tremor, shock	['tremə(r)], [ʃɒk]
epicentro (m)	epicenter	['epɪsentə(r)]
erupção (f)	eruption	[ɪ'rʌpʃən]
lava (f)	lava	['lɑ:və]
turbilhão (m)	twister	['twɪstə(r)]
tornado (m)	tornado	[tɔ:'neɪdəʊ]
tufão (m)	typhoon	[taɪ'fu:n]
furacão (m)	hurricane	['hʌrɪkən]
tempestade (f)	storm	[stɔ:m]
tsunami (m)	tsunami	[tsu:'nɑ:mɪ]
ciclone (m)	cyclone	['saɪkləʊn]
mau tempo (m)	bad weather	[bæd 'weðə(r)]
incêndio (m)	fire	['faɪə(r)]
catástrofe (f)	disaster	[dɪ'zɑ:stə(r)]
meteorito (m)	meteorite	['mi:tjəraɪt]
avalanche (f)	avalanche	['ævəlɑ:nʃ]
deslizamento (m) de neve	snowslide	['snəʊslaɪd]
nevasca (f)	blizzard	['blɪzəd]
tempestade (f) de neve	snowstorm	['snəʊstɔ:m]

Fauna

135. Mamíferos. Predadores

predador (m)	predator	['predətə(r)]
tigre (m)	tiger	['taɪgə(r)]
leão (m)	lion	['laɪən]
lobo (m)	wolf	[wʊlf]
raposa (f)	fox	[fɒks]
jaguar (m)	jaguar	['dʒægjʊə(r)]
leopardo (m)	leopard	['lepəd]
chita (f)	cheetah	['tʃiːtə]
pantera (f)	black panther	[blæk 'pænθə(r)]
puma (m)	puma	['pjuːmə]
leopardo-das-neves (m)	snow leopard	[snəʊ 'lepəd]
lince (m)	lynx	[lɪnks]
coiote (m)	coyote	[kɔɪ'əʊtɪ]
chacal (m)	jackal	['dʒækəl]
hiena (f)	hyena	[haɪ'iːnə]

136. Animais selvagens

animal (m)	animal	['ænɪməl]
besta (f)	beast	[biːst]
esquilo (m)	squirrel	['skwɜːrəl]
ouriço (m)	hedgehog	['hedʒhɒg]
lebre (f)	hare	[heə(r)]
coelho (m)	rabbit	['ræbɪt]
texugo (m)	badger	['bædʒə(r)]
guaxinim (m)	raccoon	[rə'kuːn]
hamster (m)	hamster	['hæmstə(r)]
marmota (f)	marmot	['mɑːmət]
toupeira (f)	mole	[məʊl]
rato (m)	mouse	[maʊs]
ratazana (f)	rat	[ræt]
morcego (m)	bat	[bæt]
arminho (m)	ermine	['ɜːmɪn]
zibelina (f)	sable	['seɪbəl]
marta (f)	marten	['mɑːtɪn]
doninha (f)	weasel	['wiːzəl]
vison (m)	mink	[mɪŋk]

castor (m)	beaver	['bi:və(r)]
lontra (f)	otter	['ɒtə(r)]
cavalo (m)	horse	[hɔ:s]
alce (m)	moose	[mu:s]
veado (m)	deer	[dɪə(r)]
camelo (m)	camel	['kæməl]
bisão (m)	bison	['baɪsən]
auroque (m)	wisent	['wi:zənt]
búfalo (m)	buffalo	['bʌfələʊ]
zebra (f)	zebra	['zi:brə]
antílope (m)	antelope	['æntɪləʊp]
corça (f)	roe deer	[rəʊ dɪə(r)]
gamo (m)	fallow deer	['fæləʊ dɪə(r)]
camurça (f)	chamois	['ʃæmwɑ:]
javali (m)	wild boar	[ˌwaɪld 'bɔ:(r)]
baleia (f)	whale	[weɪl]
foca (f)	seal	[si:l]
morsa (f)	walrus	['wɔ:lrəs]
urso-marinho (m)	fur seal	['fɜ:ˌsi:l]
golfinho (m)	dolphin	['dɒlfɪn]
urso (m)	bear	[beə]
urso (m) branco	polar bear	['pəʊlə ˌbeə(r)]
panda (m)	panda	['pændə]
macaco (em geral)	monkey	['mʌŋkɪ]
chimpanzé (m)	chimpanzee	[ˌtʃɪmpæn'zi:]
orangotango (m)	orangutan	[ɒˌræŋu:'tæn]
gorila (m)	gorilla	[gə'rɪlə]
macaco (m)	macaque	[mə'kɑ:k]
gibão (m)	gibbon	['gɪbən]
elefante (m)	elephant	['elɪfənt]
rinoceronte (m)	rhinoceros	[raɪ'nɒsərəs]
girafa (f)	giraffe	[dʒɪ'rɑ:f]
hipopótamo (m)	hippopotamus	[ˌhɪpə'pɒtəməs]
canguru (m)	kangaroo	[ˌkæŋgə'ru:]
coala (m)	koala	[kəʊ'ɑ:lə]
mangusto (m)	mongoose	['mɒngu:s]
chinchila (m)	chinchilla	[ˌtʃɪn'tʃɪlə]
doninha-fedorenta (f)	skunk	[skʌŋk]
porco-espinho (m)	porcupine	['pɔ:kjʊpaɪn]

137. Animais domésticos

gata (f)	cat	[kæt]
gato (m) macho	tomcat	['tɒmkæt]
cão (m)	dog	[dɒg]

cavalo (m)	horse	[hɔ:s]
garanhão (m)	stallion	['stæliən]
égua (f)	mare	[meə(r)]
vaca (f)	cow	[kaʊ]
touro (m)	bull	[bʊl]
boi (m)	ox	[ɒks]
ovelha (f)	sheep	[ʃi:p]
carneiro (m)	ram	[ræm]
cabra (f)	goat	[gəʊt]
bode (m)	he-goat	['hi: gəʊt]
burro (m)	donkey	['dɒŋkɪ]
mula (f)	mule	[mju:l]
porco (m)	pig, hog	[pɪg], [hɒg]
leitão (m)	piglet	['pɪglɪt]
coelho (m)	rabbit	['ræbɪt]
galinha (f)	hen	[hen]
galo (m)	rooster	['ru:stə(r)]
pata (f)	duck	[dʌk]
pato (macho)	drake	[dreɪk]
ganso (m)	goose	[gu:s]
peru (m)	tom turkey, gobbler	[tɒm 'tɜ:kɪ], ['gɒblə(r)]
perua (f)	turkey	['tɜ:kɪ]
animais (m pl) domésticos	domestic animals	[də'mestɪk 'ænɪməlz]
domesticado	tame	[teɪm]
domesticar (vt)	to tame (vt)	[tə teɪm]
criar (vt)	to breed (vt)	[tə bri:d]
quinta (f)	farm	[fɑ:m]
aves (f pl) domésticas	poultry	['pəʊltrɪ]
gado (m)	cattle	['kætəl]
rebanho (m), manada (f)	herd	[hɜ:d]
estábulo (m)	stable	['steɪbəl]
pocilga (f)	pigpen	['pɪgpen]
estábulo (m)	cowshed	['kaʊʃed]
coelheira (f)	rabbit hutch	['ræbɪt ˌhʌtʃ]
galinheiro (m)	hen house	['henˌhaʊs]

138. Pássaros

pássaro (m), ave (f)	bird	[bɜ:d]
pombo (m)	pigeon	['pɪdʒɪn]
pardal (m)	sparrow	['spærəʊ]
chapim-real (m)	tit	[tɪt]
pega-rabuda (f)	magpie	['mægpaɪ]
corvo (m)	raven	['reɪvən]

gralha (f) cinzenta	crow	[krəʊ]
gralha-de-nuca-cinzenta (f)	jackdaw	['dʒækdɔː]
gralha-calva (f)	rook	[rʊk]
pato (m)	duck	[dʌk]
ganso (m)	goose	[guːs]
faisão (m)	pheasant	['fezənt]
águia (f)	eagle	['iːgəl]
açor (m)	hawk	[hɔːk]
falcão (m)	falcon	['fɔːlkən]
abutre (m)	vulture	['vʌltʃə]
condor (m)	condor	['kɒndɔː(r)]
cisne (m)	swan	[swɒn]
grou (m)	crane	[kreɪn]
cegonha (f)	stork	[stɔːk]
papagaio (m)	parrot	['pærət]
beija-flor (m)	hummingbird	['hʌmɪŋˌbɜːd]
pavão (m)	peacock	['piːkɒk]
avestruz (m)	ostrich	['ɒstrɪtʃ]
garça (f)	heron	['herən]
flamingo (m)	flamingo	[fləˈmɪŋgəʊ]
pelicano (m)	pelican	['pelɪkən]
rouxinol (m)	nightingale	['naɪtɪŋgeɪl]
andorinha (f)	swallow	['swɒləʊ]
tordo-zornal (m)	thrush	[θrʌʃ]
tordo-músico (m)	song thrush	[sɒŋ θrʌʃ]
melro-preto (m)	blackbird	['blækˌbɜːd]
andorinhão (m)	swift	[swɪft]
cotovia (f)	lark	[lɑːk]
codorna (f)	quail	[kweɪl]
pica-pau (m)	woodpecker	['wʊdˌpekə(r)]
cuco (m)	cuckoo	['kʊkuː]
coruja (f)	owl	[aʊl]
corujão, bufo (m)	eagle owl	['iːgəl aʊl]
tetraz-grande (m)	wood grouse	[wʊd graʊs]
tetraz-lira (m)	black grouse	[blæk graʊs]
perdiz-cinzenta (f)	partridge	['pɑːtrɪdʒ]
estorninho (m)	starling	['stɑːlɪŋ]
canário (m)	canary	[kəˈneərɪ]
galinha-do-mato (f)	hazel grouse	['heɪzəl graʊs]
tentilhão (m)	chaffinch	['tʃæfɪntʃ]
dom-fafe (m)	bullfinch	['bʊlfɪntʃ]
gaivota (f)	seagull	['siːgʌl]
albatroz (m)	albatross	['ælbətrɒs]
pinguim (m)	penguin	['peŋgwɪn]

139. Peixes. Animais marinhos

brema (f)	bream	[briːm]
carpa (f)	carp	[kɑːp]
perca (f)	perch	[pɜːtʃ]
siluro (m)	catfish	[ˈkætfɪʃ]
lúcio (m)	pike	[paɪk]
salmão (m)	salmon	[ˈsæmən]
esturjão (m)	sturgeon	[ˈstɜːdʒən]
arenque (m)	herring	[ˈherɪŋ]
salmão (m)	Atlantic salmon	[ətˈlæntɪk ˈsæmən]
cavala, sarda (f)	mackerel	[ˈmækərəl]
solha (f)	flatfish	[ˈflætfɪʃ]
lúcio perca (m)	pike perch	[paɪk pɜːtʃ]
bacalhau (m)	cod	[kɒd]
atum (m)	tuna	[ˈtuːnə]
truta (f)	trout	[traʊt]
enguia (f)	eel	[iːl]
raia elétrica (f)	electric ray	[ɪˈlektrɪk reɪ]
moreia (f)	moray eel	[ˈmɒreɪ iːl]
piranha (f)	piranha	[pɪˈrɑːnə]
tubarão (m)	shark	[ʃɑːk]
golfinho (m)	dolphin	[ˈdɒlfɪn]
baleia (f)	whale	[weɪl]
caranguejo (m)	crab	[kræb]
medusa, alforreca (f)	jellyfish	[ˈdʒelɪfɪʃ]
polvo (m)	octopus	[ˈɒktəpəs]
estrela-do-mar (f)	starfish	[ˈstɑːfɪʃ]
ouriço-do-mar (m)	sea urchin	[siː ˈɜːtʃɪn]
cavalo-marinho (m)	seahorse	[ˈsiːhɔːs]
ostra (f)	oyster	[ˈɔɪstə(r)]
camarão (m)	shrimp	[ʃrɪmp]
lavagante (m)	lobster	[ˈlɒbstə(r)]
lagosta (f)	spiny lobster	[ˈspaɪnɪ ˈlɒbstə(r)]

140. Amfíbios. Répteis

serpente, cobra (f)	snake	[sneɪk]
venenoso	venomous	[ˈvenəməs]
víbora (f)	viper	[ˈvaɪpə(r)]
cobra-capelo, naja (f)	cobra	[ˈkəʊbrə]
pitão (m)	python	[ˈpaɪθən]
jiboia (f)	boa	[ˈbəʊə]
cobra-de-água (f)	grass snake	[ˈgrɑːsˌsneɪk]

| cascavel (f) | rattle snake | ['rætəl sneɪk] |
| anaconda (f) | anaconda | [ænə'kɒndə] |

lagarto (m)	lizard	['lɪzəd]
iguana (f)	iguana	[ɪ'gwɑːnə]
varano (m)	monitor lizard	['mɒnɪtə 'lɪzəd]
salamandra (f)	salamander	['sælə‚mændə(r)]
camaleão (m)	chameleon	[kə'miːlɪən]
escorpião (m)	scorpion	['skɔːpɪən]

tartaruga (f)	turtle	['tɜːtəl]
rã (f)	frog	[frɒg]
sapo (m)	toad	[təʊd]
crocodilo (m)	crocodile	['krɒkədaɪl]

141. Insetos

inseto (m)	insect, bug	['ɪnsekt], [bʌg]
borboleta (f)	butterfly	['bʌtəflaɪ]
formiga (f)	ant	[ænt]
mosca (f)	fly	[flaɪ]
mosquito (m)	mosquito	[mə'skiːtəʊ]
escaravelho (m)	beetle	['biːtəl]

vespa (f)	wasp	[wɒsp]
abelha (f)	bee	[biː]
mamangava (f)	bumblebee	['bʌmbəlbiː]
moscardo (m)	gadfly	['gædflaɪ]

| aranha (f) | spider | ['spaɪdə(r)] |
| teia (f) de aranha | spiderweb | ['spaɪdəweb] |

libélula (f)	dragonfly	['drægənflaɪ]
gafanhoto-do-campo (m)	grasshopper	['grɑːs‚hɒpə(r)]
traça (f)	moth	[mɒθ]

barata (f)	cockroach	['kɒkrəʊtʃ]
carraça (f)	tick	[tɪk]
pulga (f)	flea	[fliː]
borrachudo (m)	midge	[mɪdʒ]

gafanhoto (m)	locust	['ləʊkəst]
caracol (m)	snail	[sneɪl]
grilo (m)	cricket	['krɪkɪt]
pirilampo (m)	lightning bug	['laɪtnɪŋ bʌg]
joaninha (f)	ladybug	['leɪdɪbʌg]
besouro (m)	cockchafer	['kɒk‚tʃeɪfə(r)]

sanguessuga (f)	leech	[liːtʃ]
lagarta (f)	caterpillar	['kætəpɪlə(r)]
minhoca (f)	earthworm	['ɜːθwɜːm]
larva (f)	larva	['lɑːvə]

Flora

142. Árvores

árvore (f)	tree	[tri:]
decídua	deciduous	[dɪ'sɪdjʊəs]
conífera	coniferous	[kə'nɪfərəs]
perene	evergreen	['evəgri:n]
macieira (f)	apple tree	['æpəl ˌtri:]
pereira (f)	pear tree	['peə ˌtri:]
cerejeira (f)	sweet cherry tree	[swi:t 'ʧerɪ tri:]
ginjeira (f)	sour cherry tree	['saʊə 'ʧerɪ tri:]
ameixeira (f)	plum tree	['plʌm tri:]
bétula (f)	birch	[bɜ:ʧ]
carvalho (m)	oak	[əʊk]
tília (f)	linden tree	['lɪndən tri:]
choupo-tremedor (m)	aspen	['æspən]
bordo (m)	maple	['meɪpəl]
espruce-europeu (m)	spruce	[spru:s]
pinheiro (m)	pine	[paɪn]
alerce, lariço (m)	larch	[lɑ:ʧ]
abeto (m)	fir	[fɜ:(r)]
cedro (m)	cedar	['si:də(r)]
choupo, álamo (m)	poplar	['pɒplə(r)]
tramazeira (f)	rowan	['rəʊən]
salgueiro (m)	willow	['wɪləʊ]
amieiro (m)	alder	['ɔ:ldə(r)]
faia (f)	beech	[bi:ʧ]
ulmeiro (m)	elm	[elm]
freixo (m)	ash	[æʃ]
castanheiro (m)	chestnut	['ʧesnʌt]
magnólia (f)	magnolia	[mæg'nəʊlɪə]
palmeira (f)	palm tree	[pɑ:m tri:]
cipreste (m)	cypress	['saɪprəs]
mangue (m)	mangrove	['mæŋgrəʊv]
embondeiro, baobá (m)	baobab	['beɪəʊˌbæb]
eucalipto (m)	eucalyptus	[ˌju:kə'lɪptəs]
sequoia (f)	sequoia	[sɪ'kwɔɪə]

143. Arbustos

arbusto (m)	bush	[bʊʃ]
arbusto (m), moita (f)	shrub	[ʃrʌb]

videira (f)	grapevine	['greɪpvaɪn]
vinhedo (m)	vineyard	['vɪnjəd]
framboeseira (f)	raspberry bush	['rɑːzbərɪ bʊʃ]
groselheira-vermelha (f)	redcurrant bush	['redkʌrənt bʊʃ]
groselheira (f) espinhosa	gooseberry bush	['gʊzbərɪ ˌbʊʃ]
acácia (f)	acacia	[ə'keɪʃə]
bérberis (f)	barberry	['bɑːbərɪ]
jasmim (m)	jasmine	['dʒæzmɪn]
junípero (m)	juniper	['dʒuːnɪpə(r)]
roseira (f)	rosebush	['rəʊzbʊʃ]
roseira (f) brava	dog rose	['dɒg ˌrəʊz]

144. Frutos. Bagas

fruta (f)	fruit	[fruːt]
frutas (f pl)	fruits	[fruːts]
maçã (f)	apple	['æpəl]
pera (f)	pear	[peə(r)]
ameixa (f)	plum	[plʌm]
morango (m)	strawberry	['strɔːbərɪ]
ginja (f)	sour cherry	['saʊə 'ʧerɪ]
cereja (f)	sweet cherry	[swiːt 'ʧerɪ]
uva (f)	grape	[greɪp]
framboesa (f)	raspberry	['rɑːzbərɪ]
groselha (f) preta	blackcurrant	[ˌblæk'kʌrənt]
groselha (f) vermelha	redcurrant	['redkʌrənt]
groselha (f) espinhosa	gooseberry	['gʊzbərɪ]
oxicoco (m)	cranberry	['krænbərɪ]
laranja (f)	orange	['ɒrɪndʒ]
tangerina (f)	mandarin	['mændərɪn]
ananás (m)	pineapple	['paɪnˌæpəl]
banana (f)	banana	[bə'nɑːnə]
tâmara (f)	date	[deɪt]
limão (m)	lemon	['lemən]
damasco (m)	apricot	['eɪprɪkɒt]
pêssego (m)	peach	[piːʧ]
kiwi (m)	kiwi	['kiːwiː]
toranja (f)	grapefruit	['greɪpfruːt]
baga (f)	berry	['berɪ]
bagas (f pl)	berries	['berɪːz]
arando (m) vermelho	cowberry	['kaʊberɪ]
morango-silvestre (m)	wild strawberry	['waɪld 'strɔːbərɪ]
mirtilo (m)	bilberry	['bɪlberɪ]

145. Flores. Plantas

flor (f)	flower	['flaʊə(r)]
ramo (m) de flores	bouquet	[bʊ'keɪ]
rosa (f)	rose	[rəʊz]
tulipa (f)	tulip	['tjuːlɪp]
cravo (m)	carnation	[kɑː'neɪʃən]
gladíolo (m)	gladiolus	[ˌglædɪ'əʊləs]
centáurea (f)	cornflower	['kɔːnflaʊə(r)]
campânula (f)	harebell	['heəbel]
dente-de-leão (m)	dandelion	['dændɪlaɪən]
camomila (f)	camomile	['kæməmaɪl]
aloé (m)	aloe	['æləʊ]
cato (m)	cactus	['kæktəs]
fícus (m)	rubber plant, ficus	['rʌbə plɑːnt], ['faɪkəs]
lírio (m)	lily	['lɪlɪ]
gerânio (m)	geranium	[dʒɪ'reɪnjəm]
jacinto (m)	hyacinth	['haɪəsɪnθ]
mimosa (f)	mimosa	[mɪ'məʊzə]
narciso (m)	narcissus	[nɑː'sɪsəs]
capuchinha (f)	nasturtium	[nəs'tɜːʃəm]
orquídea (f)	orchid	['ɔːkɪd]
peónia (f)	peony	['piːənɪ]
violeta (f)	violet	['vaɪələt]
amor-perfeito (m)	pansy	['pænzɪ]
não-me-esqueças (m)	forget-me-not	[fə'get mi ˌnɒt]
margarida (f)	daisy	['deɪzɪ]
papoula (f)	poppy	['pɒpɪ]
cânhamo (m)	hemp	[hemp]
hortelã (f)	mint	[mɪnt]
lírio-do-vale (m)	lily of the valley	['lɪlɪ əv ðə 'vælɪ]
campânula-branca (f)	snowdrop	['snəʊdrɒp]
urtiga (f)	nettle	['netəl]
azeda (f)	sorrel	['sɒrəl]
nenúfar (m)	water lily	['wɔːtə 'lɪlɪ]
feto (m), samambaia (f)	fern	[fɜːn]
líquen (m)	lichen	['laɪkən]
estufa (f)	conservatory	[kən'sɜːvətrɪ]
relvado (m)	lawn	[lɔːn]
canteiro (m) de flores	flowerbed	['flaʊəbed]
planta (f)	plant	[plɑːnt]
erva (f)	grass	[grɑːs]
folha (f) de erva	blade of grass	[bleɪd əv grɑːs]

folha (f)	leaf	[liːf]
pétala (f)	petal	['petəl]
talo (m)	stem	[stem]
tubérculo (m)	tuber	['tjuːbə(r)]
broto, rebento (m)	young plant	[jʌŋ plɑːnt]
espinho (m)	thorn	[θɔːn]
florescer (vi)	to blossom (vi)	[tə 'blɒsəm]
murchar (vi)	to fade (vi)	[tə feɪd]
cheiro (m)	smell	[smel]
cortar (flores)	to cut (vt)	[tə kʌt]
colher (uma flor)	to pick (vt)	[tə pɪk]

146. Cereais, grãos

grão (m)	grain	[greɪn]
cereais (plantas)	cereal crops	['sɪərɪəl krɒps]
espiga (f)	ear	[ɪə(r)]
trigo (m)	wheat	[wiːt]
centeio (m)	rye	[raɪ]
aveia (f)	oats	[əʊts]
milho-miúdo (m)	millet	['mɪlɪt]
cevada (f)	barley	['bɑːlɪ]
milho (m)	corn	[kɔːn]
arroz (m)	rice	[raɪs]
trigo-sarraceno (m)	buckwheat	['bʌkwiːt]
ervilha (f)	pea	[piː]
feijão (m)	kidney bean	['kɪdnɪ biːn]
soja (f)	soy	[sɔɪ]
lentilha (f)	lentil	['lentɪl]
fava (f)	beans	[biːnz]

PAÍSES. NACIONALIDADES

147. Europa Ocidental

Europa (f)	Europe	['jʋərəp]
União (f) Europeia	European Union	[ˌjʋərə'pi:ən 'ju:nɪən]
Áustria (f)	Austria	['ɒstrɪə]
Grã-Bretanha (f)	Great Britain	[greɪt 'brɪtən]
Inglaterra (f)	England	['ɪŋglənd]
Bélgica (f)	Belgium	['beldʒəm]
Alemanha (f)	Germany	['dʒɜ:mənɪ]
Países (m pl) Baixos	Netherlands	['neðələndz]
Holanda (f)	Holland	['hɒlənd]
Grécia (f)	Greece	[gri:s]
Dinamarca (f)	Denmark	['denmɑ:k]
Irlanda (f)	Ireland	['aɪələnd]
Islândia (f)	Iceland	['aɪslənd]
Espanha (f)	Spain	[speɪn]
Itália (f)	Italy	['ɪtəlɪ]
Chipre (m)	Cyprus	['saɪprəs]
Malta (f)	Malta	['mɔ:ltə]
Noruega (f)	Norway	['nɔ:weɪ]
Portugal (m)	Portugal	['pɔ:tʃʋgəl]
Finlândia (f)	Finland	['fɪnlənd]
França (f)	France	[frɑ:ns]
Suécia (f)	Sweden	['swi:dən]
Suíça (f)	Switzerland	['swɪtsələnd]
Escócia (f)	Scotland	['skɒtlənd]
Vaticano (m)	Vatican	['vætɪkən]
Liechtenstein (m)	Liechtenstein	['lɪktənstaɪn]
Luxemburgo (m)	Luxembourg	['lʌksəmbɜ:g]
Mónaco (m)	Monaco	['mɒnəkəʋ]

148. Europa Central e de Leste

Albânia (f)	Albania	[æl'beɪnɪə]
Bulgária (f)	Bulgaria	[bʌl'geərɪə]
Hungria (f)	Hungary	['hʌŋgərɪ]
Letónia (f)	Latvia	['lætvɪə]
Lituânia (f)	Lithuania	[ˌlɪθjʋ'eɪnjə]
Polónia (f)	Poland	['pəʋlənd]

Roménia (f)	Romania	[ruːˈmeɪnɪə]
Sérvia (f)	Serbia	[ˈsɜːbɪə]
Eslováquia (f)	Slovakia	[sləˈvækɪə]

Croácia (f)	Croatia	[krəʊˈeɪʃə]
República (f) Checa	Czech Republic	[ʧek rɪˈpʌblɪk]
Estónia (f)	Estonia	[eˈstəʊnjə]

Bósnia e Herzegovina (f)	Bosnia and Herzegovina	[ˈbɒznɪə ənd ˌheətsəgəˈviːnə]
Macedónia (f)	Macedonia	[ˌmæsɪˈdəʊnɪə]
Eslovénia (f)	Slovenia	[sləˈviːnɪə]
Montenegro (m)	Montenegro	[ˌmɒntɪˈniːgrəʊ]

149. Países da ex-URSS

Azerbaijão (m)	Azerbaijan	[ˌæzəbaɪˈʤɑːn]
Arménia (f)	Armenia	[ɑːˈmiːnɪə]

Bielorrússia (f)	Belarus	[ˌbeləˈruːs]
Geórgia (f)	Georgia	[ˈʤɔːʤjə]
Cazaquistão (m)	Kazakhstan	[ˌkæzækˈstɑːn]
Quirguistão (m)	Kirghizia	[kɜːˈgɪzɪə]
Moldávia (f)	Moldavia	[mɒlˈdeɪvɪə]

Rússia (f)	Russia	[ˈrʌʃə]
Ucrânia (f)	Ukraine	[juːˈkreɪn]

Tajiquistão (m)	Tajikistan	[tɑːˌʤɪkɪˈstɑːn]
Turquemenistão (m)	Turkmenistan	[ˌtɜːkmenɪˈstɑːn]
Uzbequistão (f)	Uzbekistan	[ʊzˌbekɪˈstɑːn]

150. Asia

Ásia (f)	Asia	[ˈeɪʒə]
Vietname (m)	Vietnam	[ˌvjetˈnɑːm]
Índia (f)	India	[ˈɪndɪə]
Israel (m)	Israel	[ˈɪzreɪəl]

China (f)	China	[ˈʧaɪnə]
Líbano (m)	Lebanon	[ˈlebənən]
Mongólia (f)	Mongolia	[mɒŋˈgəʊlɪə]

Malásia (f)	Malaysia	[məˈleɪzɪə]
Paquistão (m)	Pakistan	[ˈpækɪstæn]

Arábia (f) Saudita	Saudi Arabia	[ˈsaʊdɪ əˈreɪbɪə]
Tailândia (f)	Thailand	[ˈtaɪlænd]
Taiwan (m)	Taiwan	[ˌtaɪˈwɑːn]
Turquia (f)	Turkey	[ˈtɜːkɪ]
Japão (m)	Japan	[ʤəˈpæn]
Afeganistão (m)	Afghanistan	[æfˈgænɪˌstæn]
Bangladesh (m)	Bangladesh	[ˌbæŋgləˈdeʃ]

| Indonésia (f) | Indonesia | [ˌɪndəˈniːzjə] |
| Jordânia (f) | Jordan | [ˈdʒɔːdən] |

Iraque (m)	Iraq	[ɪˈrɑːk]
Irão (m)	Iran	[ɪˈrɑːn]
Camboja (f)	Cambodia	[kæmˈbəʊdjə]
Kuwait (m)	Kuwait	[kʊˈweɪt]

Laos (m)	Laos	[laʊs]
Myanmar (m), Birmânia (f)	Myanmar	[ˌmaɪænˈmɑː(r)]
Nepal (m)	Nepal	[nɪˈpɔːl]
Emirados Árabes Unidos	United Arab Emirates	[juːˈnaɪtɪd ˈærəb ˈemərəts]

Síria (f)	Syria	[ˈsɪrɪə]
Palestina (f)	Palestine	[ˈpæləˌstaɪn]
Coreia do Sul (f)	South Korea	[saʊθ kəˈrɪə]
Coreia do Norte (f)	North Korea	[nɔːθ kəˈrɪə]

151. América do Norte

Estados Unidos da América	United States of America	[juːˈnaɪtɪd steɪts əv əˈmerɪkə]
Canadá (m)	Canada	[ˈkænədə]
México (m)	Mexico	[ˈmeksɪkəʊ]

152. América Central do Sul

Argentina (f)	Argentina	[ˌɑːdʒənˈtiːnə]
Brasil (m)	Brazil	[brəˈzɪl]
Colômbia (f)	Colombia	[kəˈlɒmbɪə]
Cuba (f)	Cuba	[ˈkjuːbə]
Chile (m)	Chile	[ˈtʃɪlɪ]

Bolívia (f)	Bolivia	[bəˈlɪvɪə]
Venezuela (f)	Venezuela	[ˌvenɪˈzweɪlə]
Paraguai (m)	Paraguay	[ˈpærəgwaɪ]
Peru (m)	Peru	[pəˈruː]
Suriname (m)	Suriname	[ˌsʊərɪˈnæm]
Uruguai (m)	Uruguay	[ˈjʊərəgwaɪ]
Equador (m)	Ecuador	[ˈekwədɔː(r)]
Bahamas (f pl)	The Bahamas	[ðə bəˈhɑːməz]
Haiti (m)	Haiti	[ˈheɪtɪ]

República (f) Dominicana	Dominican Republic	[dəˈmɪnɪkən rɪˈpʌblɪk]
Panamá (m)	Panama	[ˈpænəmɑː]
Jamaica (f)	Jamaica	[dʒəˈmeɪkə]

153. Africa

| Egito (m) | Egypt | [ˈiːdʒɪpt] |
| Marrocos | Morocco | [məˈrɒkəʊ] |

Tunísia (f)	Tunisia	[tjuːˈnɪzɪə]
Gana (f)	Ghana	[ˈgɑːnə]
Zanzibar (m)	Zanzibar	[ˌzænzɪˈbɑː(r)]
Quénia (f)	Kenya	[ˈkenjə]
Líbia (f)	Libya	[ˈlɪbɪə]
Madagáscar (m)	Madagascar	[ˌmædəˈgæskə(r)]
Namíbia (f)	Namibia	[nəˈmɪbɪə]
Senegal (m)	Senegal	[ˌsenɪˈgɔːl]
Tanzânia (f)	Tanzania	[ˌtænzəˈnɪə]
África do Sul (f)	South Africa	[saʊθ ˈæfrɪkə]

154. Austrália. Oceania

Austrália (f)	Australia	[ɒˈstreɪljə]
Nova Zelândia (f)	New Zealand	[njuː ˈziːlənd]
Tasmânia (f)	Tasmania	[tæzˈmeɪnjə]
Polinésia Francesa (f)	French Polynesia	[frentʃ ˌpɒlɪˈniːzjə]

155. Cidades

Amesterdão	Amsterdam	[ˌæmstəˈdæm]
Ancara	Ankara	[ˈæŋkərə]
Atenas	Athens	[ˈæθɪnz]
Bagdade	Baghdad	[bægˈdæd]
Banguecoque	Bangkok	[ˌbæŋˈkɒk]
Barcelona	Barcelona	[ˌbɑːsɪˈləʊnə]
Beirute	Beirut	[ˌbeɪˈruːt]
Berlim	Berlin	[bɜːˈlɪn]
Bombaim	Mumbai	[mʊmˈbai]
Bona	Bonn	[bɒn]
Bordéus	Bordeaux	[bɔːˈdəʊ]
Bratislava	Bratislava	[ˌbrætɪˈslɑːvə]
Bruxelas	Brussels	[ˈbrʌsəlz]
Bucareste	Bucharest	[ˌbuːkəˈrest]
Budapeste	Budapest	[ˌbjuːdəˈpest]
Cairo	Cairo	[ˈkaɪərəʊ]
Calcutá	Kolkata	[koʊlˈkɑːtɑː]
Chicago	Chicago	[ʃɪˈkɑːgəʊ]
Cidade do México	Mexico City	[ˈmeksɪkəʊ ˈsɪtɪ]
Copenhaga	Copenhagen	[ˌkəʊpənˈheɪgən]
Dar es Salaam	Dar-es-Salaam	[ˌdɑːresseˈlɑːm]
Deli	Delhi	[ˈdelɪ]
Dubai	Dubai	[ˌduːˈbaɪ]
Dublin, Dublim	Dublin	[ˈdʌblɪn]
Düsseldorf	Düsseldorf	[ˌdjuːsəlˈdɔːf]
Estocolmo	Stockholm	[ˈstɒkhəʊm]

Florença	Florence	['flɒrəns]
Frankfurt	Frankfurt	['fræŋkfɜt]
Genebra	Geneva	[dʒɪ'ni:və]
Haia	The Hague	[ðə heɪg]
Hamburgo	Hamburg	['hæmbɜ:g]
Hanói	Hanoi	[hæ'nɔɪ]
Havana	Havana	[hə'vænə]

Helsínquia	Helsinki	[hel'sɪŋkɪ]
Hiroshima	Hiroshima	[hɪ'rɒʃɪmə]
Hong Kong	Hong Kong	[ˌhɒŋ'kɒŋ]
Istambul	Istanbul	[ˌɪstæn'bʊl]
Jerusalém	Jerusalem	[dʒə'ru:sələm]

Kiev	Kyiv	['ki:ev]
Kuala Lumpur	Kuala Lumpur	[ˌkwɑ:lə'lʊmˌpʊə(r)]
Lisboa	Lisbon	['lɪzbən]
Londres	London	['lʌndən]
Los Angeles	Los Angeles	[lɒs'ændʒɪli:z]
Lion	Lyons	[li:õ]

Madrid	Madrid	[mə'drɪd]
Marselha	Marseille	[mɑ:'seɪ]
Miami	Miami	[maɪ'æmɪ]
Montreal	Montreal	[ˌmɒntrɪ'ɔ:l]
Moscovo	Moscow	['mɒskəʊ]
Munique	Munich	['mju:nɪk]

Nairóbi	Nairobi	[naɪ'rəʊbɪ]
Nápoles	Naples	['neɪpəlz]
Nice	Nice	['ni:s]
Nova York	New York	[nju: 'jɔ:k]

Oslo	Oslo	['ɒzləʊ]
Ottawa	Ottawa	['ɒtəwə]
Paris	Paris	['pærɪs]
Pequim	Beijing	[ˌbeɪ'dʒɪŋ]
Praga	Prague	[prɑ:g]

Rio de Janeiro	Rio de Janeiro	['ri:əʊ də dʒə'nɪərəʊ]
Roma	Rome	[rəʊm]
São Petersburgo	Saint Petersburg	[sənt 'pi:təzbɜ:g]
Seul	Seoul	[səʊl]
Singapura	Singapore	[ˌsɪŋə'pɔ:(r)]
Sydney	Sydney	['sɪdnɪ]

Taipé	Taipei	[taɪ'peɪ]
Tóquio	Tokyo	['təʊkjəʊ]
Toronto	Toronto	[tə'rɒntəʊ]
Varsóvia	Warsaw	['wɔ:sɔ:]

| Veneza | Venice | ['venɪs] |
| Viena | Vienna | [vɪ'enə] |

| Washington | Washington | ['wɒʃɪŋtən] |
| Xangai | Shanghai | [ʃæŋ'haɪ] |

www.ingramcontent.com/pod-product-compliance
Lightning Source LLC
Chambersburg PA
CBHW070605050426
42450CB00011B/2990